EPC契約の請求実務がわかる本

Claim management in EPC projects

請求実務がわかる本

納期延長・追加費用のクレーム対応

本郷貴裕

[著]

Takahiro Hongo

中央経済社

はじめに
本書で学ぶことで得られるもの

　私が重電機メーカーに入社した年，企業法務部に配属され，初めてプラント建設契約をチェックする仕事を担当したときは，そのあまりの難しさに驚いた。

　まず，英語で書かれたＡ４用紙で100頁近いボリュームの文書を読まなければならないことが信じられなかったし，何に気をつけて読まなければならないかについての参考書がない中で契約書を読むのはほぼ不可能であった。

　もっと驚いたのは，それから数か月後にプラント建設案件の「仕様変更（change／variation）」から生じる追加費用の請求に関する相談を事業部門から受けたときだった。普段よく見る契約である秘密保持契約や売買契約には，仕様変更などという条文はなかったし，プラント用の機器供給契約には，たしかに仕様変更の条文があったものの，その仕組みを十分には理解できていなかった。

　もちろん，わからないなら調べればよい。

　しかし，書店で参考になりそうな書籍を探したがみつからず，Webで検索しても日本語ではほぼ何もヒットしなかった。私が入社した2006年までに，海外向け建設案件自体はいくつもの日系企業が何十年もの間かかわっていたはずなのに，なぜ，参考書や参考になりそうな情報がほぼ皆無なのか，当時は不思議でしようがなかった。しかし，今にして思えば，規模は大きいものの，比較的ニッチな世界であるため，参考書を書こうと考える人すらいなかったというのが１つの理由だったのだろう。

　ところで，建設案件で請負者が最も得たいと考えるものは何か。それは，契約締結時にこの案件から得られるはずだと見込んだ利益である。この利益を確実に得られるようにするには，主に次の３点が重要となる。

① 発注者から契約金額を契約条件に従って適切に支払ってもらうこと

② 発注者に対して，過大な損害賠償などの責任を負わないこと

③ 請負者に原因がない事象で納期に遅れた場合に，請負者が発注者から適切に納期延長と追加費用を得られること

　上記3点について簡単に説明する。まず，発注者から対価を支払ってもらえない限り，利益など残るはずがない（①）。また，発注者に対して過大な損害賠償などの責任を負う場合には，利益分が減る（②）。さらに，請負者の原因でない事象で納期に遅れたのに納期を延長してもらえなければ，請負者は発注者に納期遅延の損害賠償を支払わなければならないし，また，その遅延によって生じる追加費用を発注者に負担してもらえなければ，やはり利益分が減る（③）。したがって，やはり，請負者が契約締結時に見込んだ利益を確実に得るためには，上記①から③が重要になるといえる。

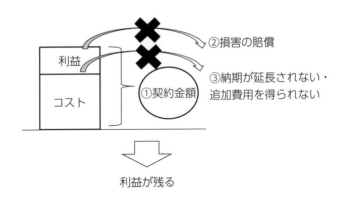

　この中で，建設案件において請負者となる日系企業は，③について，つまり，発注者に対して納期延長や追加費用を請求するいわゆる「クレーム」と呼ばれる行為が，海外の企業と比べてあまり得意ではないようである。それにはいくつかの理由があると思うが，その1つには，やはり，プラント建設契約に関する参考書，特に，納期延長や追加費用の請求に特化した参考書がないので，基礎から学べる状況にない，という点にあると思う。

　一方で，世界に目を向けると，そういった建設契約に関する書籍は何冊も出版されている。しかし，それは，米国や英国で建設案件に従事しているいわゆる英語圏の人たちが書いたものなので，すべて英語である。もちろん，日本人もそれらで学べばよいだけの話ではある。しかし，例えば，建設案件を手掛ける企業に新卒で入社した人が，いきなりそのような専門分野の書籍を英語で読んで理解することは至難の業であるに違いない。分野を問わず，専門書は，ある程度の基礎がないと読んでも意味がわからないものである。それが英語となると，なおさらである。

　海外の発注者たちは，当然，建設契約や納期延長・追加費用の請求に関し，英語の参考書で簡単に学べる環境にいる。一方，日本人にとってはそのような参考書はこれまでなかった。だから，実務をとおして，失敗しながら身につけていくしかなかった。実務だけでは体系的に学べないので，先人たちは何年もかけて，大変な苦労をされたはずである。おそらく，途中で理解するのを諦めた人も多かったのではないだろうか。その意味で，海外の，特に英語圏の人々と比べて，日本人は極めて不利な環境に置かれていたといえるだろう。この事態を変えたいと考えた私は，プラントエンジニアリング業界や建設業界に入ったばかりの人でも，日本語で基礎から実務レベルに到達できる参考書を作成する必要があると思い，2020年に建設契約の重要事項と巨額損失事例の解説書である『英文EPC契約の実務』（中央経済社刊）を出版した。さらに今般，納期延長と追加費用の請求に特化した解説書である本書を出版するに至った。

　本書は，日本語による解説書である。内容は，建設案件の初学者が，請負者として，発注者に対する納期延長と追加費用の請求に関し，実務に対応できるだけのレベルに到達できるものとなるようにしたつもりである。具体的には，以下の点を特に心がけた。

①　建設案件における納期延長や追加費用について何も知識がない人でも前から順番に読んでいくことで無理なく理解していけるように基礎から解説している。

② 単なる契約上の理論にとどまらず，請負者の請求を発注者に認めてもらうためには実務上どのような立証が必要になるのかについて十分な紙面を割いて解説している。

③ 納期延長・追加費用の請求に関する基本となる流れを目で見てわかるフローの形で表し，各章の初めに随時それを示すことで，各章でこれから学習することがフローの中のどの段階のものなのかが一目でわかるようにした。

④ 建設案件における納期延長と追加費用の請求には，仕事のスケジュール表の理解が前提となるが，スケジュール表は，文系の人にとっては見たことがないということもあると思われるので，例として示すものはできるだけシンプルなものとした。また，スケジュールの変化を目で追っていけるように，丁寧に時系列に沿って並べるように心がけた（35頁参照）。

⑤ 納期延長日数を算定するための手法であるDelay Analysisも，スケジュールと同様に文系の人が読んでもわかるように，その仕組みや短所・長所についてスケジュールを掲載しながら詳しく解説した。理系の人でなくても，理解できるはずである（92頁以降）。

⑥ 何となく理解したつもりで終わらないように，その都度，理解度確認問題を穴埋め形式で用意した。

　本書で学べば，これまでこの分野の参考書がなかったために実務を経験することで少しずつ学んでいくという選択肢しかなかった先人達に比べて，場合によっては数十年分の時間を短縮できるはずである。

　なお，本書のタイトルにある「EPC契約」とは，engineering（設計・エンジニアリング），procurement（調達），construction（建設）の各頭文字であるＥ・Ｐ・Ｃをとったものである。これは，請負者が何らかの建設物を設計／エンジニアリングし，それに基づき，建設に必要な材料を調達した上で，建設を行うことを発注者から請け負う契約のことを指す。ただ，本書が解説する納期延長と追加費用の問題は，このEPC契約に限らず，Ｃだけ，つまり，建設作業のみを自社が請負者として行い，Ｅ（設計／エンジニアリング）やＰ（調達）は別の者が請け負う場合にもほぼそのまま当てはまる。よって，EPC契約

のみならず，広く建設作業を請け負うことになる建設契約の請負者の立場に立つ方々も，安心して本書で学んでいただきたい。

2022年8月

本 郷 貴 裕

目　次

【コラム目次】

第1章

本書の全体像

～建設案件において，ある仕事Xに
遅れが生じると何が起こる？～

　どんな分野でも，マスターするためには，まずその全体像を理解することが重要である。これにより，個別の重要事項を学ぶ際に，「今，自分は全体のどこにいるのか？」がわかるようになる。これは，建設案件のプロジェクトメンバー間で，本書の扱う納期延長と追加費用に関するある事項について議論する際にも有益である。会議では，議論がかみ合わないことが多々生じるが，今，自分たちが話し合っているのが全体像の中のどこについてなのかを確認することにより，問題が解決することもある。

　3頁のフローを見ながら，本書の全体像を押さえよう。

　建設案件では，仕事を発注する発注者と，仕事を請け負う請負者との間で建設契約が締結される。その建設契約は，大きくは次の2つで構成される。

> ➢ 発注者が建設してほしいと考えている建設物に関する仕様（大きさ，長さ，性能等）などが記載されている技術的な文書
> ➢ 建設案件における発注者と請負者の権利・義務・責任などが定められている商務条件書（例えば，支払条件，納期，納期に遅れた場合の責任，そして保証など）

　この他に，契約文書を構成するものではないが，請負者が具体的にいかなる仕事をどのような順番で行うかといったこと，つまり，建設スケジュールが請負者から発注者に提出される。この建設スケジュールに記載されている仕事の1つ，例えば，仕事Xについて，建設スケジュールで予定していた期間内に終わらないという事態が生じた場合，つまり，予定よりも遅れが生じた場合，一体何が起こるのか。これを簡単に整理すると，以下のようになる。3頁のフローと照らし合わせながら読んでほしい。

(1)　遅れた仕事Xが，クリティカルパス[1]上の仕事である場合

　仕事Xに遅れた日数分だけ，工事の完成時期（納期）が予定よりも遅れる。つまり，納期遅延が生じる。納期遅延が生じると，発注者はその建設物を使い始めることができる時期が予定よりも遅れるので，その分損害を被る。

　また，請負者が建設サイト（建設現場）に予定よりも長期間滞在することになるので，その分，請負者に追加費用（prolongation costと呼ばれる）が生じる。

　ここで，もしも，納期遅延の原因である仕事Xの遅れが請負者の原因で生じた場合には，納期遅延によって発注者に生じる損害については，請負者が負担することになるのが通常である。具体的には，納期遅延LD[2]を請負者が発注

1　11頁参照。
2　21頁参照。

【仕事Xに遅れが生じた場合のフロー】

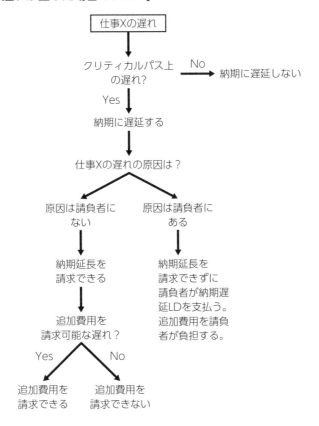

仕事Xの遅れ

クリティカルパス上
の遅れ？ ──No──→ 納期に遅延しない

Yes

納期に遅延する

仕事Xの遅れの原因は？

原因は請負者に
ない

原因は請負者に
ある

納期延長を
請求できる

納期延長を
請求できずに
請負者が納期遅
延LDを支払う。
追加費用を請負
者が負担する。

追加費用を
請求可能な遅れ？

Yes   No

追加費用を
請求できる

追加費用を
請求できない

者に支払うことになる。そしてこの場合，請負者が建設サイトに予定よりも長
期間滞在しなければならなくなったことで生じる追加費用は，請負者の負担と
なる。

　一方，納期遅延の原因となった仕事Xの遅れが，請負者の原因で生じたわけ
ではない場合には，納期遅延によって発注者に生じる損害については，請負者
が負担する必要はなく，発注者の自己負担となるのが通常である。これは，請
負者からしてみると，請負者が工事を完成させなければならない契約上の期日
である納期について，遅延する分だけ延長してもらえるということになる（納
期延長という）。

　また，この場合，請負者は，建設サイトに予定よりも長期間滞在しなければならなくなったことで生じる追加費用を発注者に負担してもらえることが多い。しかし，常にそうなるわけではなく，例えば，Force Majeureが原因で仕事Xが遅れた場合には，請負者に生じる追加費用は請負者の自己負担となる。

(2)　遅れた仕事Xが，クリティカルパス上の仕事でない場合

　仕事Xが遅れても，工事の完成時期には遅れが生じない。よって，発注者は，予定どおりの日から建設物を使い始めることができるので，納期遅延によって発注者が被る損害の負担の問題は生じない。

　また，納期遅延が生じないので，建設サイトに請負者が予定よりも長期間滞在するということもなく，そのため，納期遅延によって請負者が被る追加費用（prolongation cost）の負担の問題も生じない。

　ただ，請負者がこのフローを見る際には，以下の2点に注意が必要である。

注意点①

　仕事Xに遅れが生じたことで，自動的に上記のようなフローの結果になるわけではない。具体的には，フローの中には，請負者が，「納期延長を請求できる」と「追加費用を請求できる」と記載されている箇所があるが，それは，請負者が契約で求められている手続に従って，発注者に対して納期延長と追加費用を請求した場合にそうなる，という意味である。

　請負者の発注者に対する納期延長・追加費用等の請求は一般に「クレーム（claim）」と呼ばれている。このクレームを怠ると，遅れが生じた原因にかかわらず，納期遅延によって発注者に生じる損害も，納期遅延によって請負者に生じる追加費用も，すべて請負者の負担となる。もしもそのような結果になれば，請負者は巨額の損失を被ることになる。その案件単体では，間違いなく，赤字になるであろう。損失の程度によっては，その案件を受注した部門が業績悪化を理由に消滅する，さらに悪いときは，請負者の経営への打撃が大きすぎ，企業としての存続さえ危うくなる。それだけ，建設案件においては，クレームというものが重要であるといえる。

注意点②

　上記のフローは，仕事Xが遅れる場合のすべてのケースに当てはまるものではない。このフローは，一般的な場合を表しているだけで，例えば，次のような場合には，やや異なる流れとなる。

> ➢ 発注者の行為による請負者の仕事の妨害
>   （いわゆるdisruption：ディスラプション）
> ➢ 仕様変更（change/variation：チェンジ/バリエーション）
> ➢ 納期よりも早く工事を完了させようとすること
>   （acceleration：アクセラレーション）

　これらが上記のフローとどのように異なるかを簡単に述べると，まず，上記のフローでは，仕事Xがクリティカルパス上にない場合には，請負者は発注者に対して納期延長を請求する権利がないのはもちろん，追加費用についても請求できないかのようにみえる。しかし，発注者の行為による仕事の妨害（disruption）や仕様変更によって仕事Xが遅れる場合には，仮に仕事Xがクリティカルパス上になくても，請負者は追加費用を発注者に請求できる場合がある。

　次に，納期よりも早く工事を完了させようとするaccelerationと呼ばれるものは，請負者の原因で仕事Xに遅れが生じたのではない場合に，発注者が請負者に対して仕事のペースを速めて，工事の完成を前倒しにすることを求めることで生じるものである。この場合，請負者は，仕事を速めるために請負者が作業員を増やしたり，夜間も作業を行うようにしたりすることで請負者に生じる追加費用を発注者に請求することができる。つまり，上記のフローにあるような納期に遅延した結果，納期を延長させるとか，納期の遅延によって生じる追加費用を誰が負担するのかという話とはやや異なる。

　さらに，発注者の行為による請負者の仕事の妨害（disruption）が生じた場合，請負者の仕事の効率が低下し，それによって生じる追加費用を請負者は発注者に請求できるのだが，このとき，請負者がしなければならない立証は，上

記のフローにあるような納期延長と追加費用の立証よりもはるかに難しいという問題もある。

　このように，disruption，仕様変更，そしてacceleration，といった事項に対して請負者がとるべき対応はやや特殊であり，上記のフローではカバーしきれない部分があるので，本書では，以下のような構成をとることにした。

---

① まず，一般的な納期延長と追加費用の請求について解説する（第2章〜第4章）。
② その一般的な納期延長と追加費用の請求についての理解を前提に，そこでカバーしきれない特殊なケース，具体的には，disruption，仕様変更，そしてaccelerationについて解説する（第5章）。

より具体的には，以下のような問題点・留意点を見ていく。

【一般的な納期延長と追加費用の請求に関する事項】

・仕事Xに遅れが生じた結果，納期に遅れを生じさせる場合と納期に遅れを生じさせない場合の違いは何か？（第2章第1節）
・請負者の原因で納期に遅れが生じる場合に請負者が発注者に支払うべき納期遅延LDとは何か？（第2章第2節）
・請負者に原因がある遅れと，請負者に原因がない遅れが同時に生じた場合には，どのように扱うのか？（納期は延長されるのか？　追加費用を誰が負担するのか？）（第2章第3節〜第5節）
・請負者は，発注者に対し，納期延長と追加費用（prolongation cost）の請求をいつ，どのようにしなければならないのか？（第3章）
・請負者が果たすべき立証責任の程度はどのようなものか？（第4章第1節）
・納期延長の日数はどのような方法で算出するのか？（Delay Analysisの手法）（第4章第2節）
・追加費用（prolongation cost）はどのように算出するのか？（第4章第3節）

・原因（仕事Xを遅らせる事象）と結果（納期遅延・追加費用の発生）との間の因果関係を立証するのが難しい場合には，立証責任の緩和は認められないのか？　認められるとして，どのような条件を満たす必要があるのか？（Global Claim）（第4章第4節）

【特殊なケースに関する事項】
・仕事Xが発注者の行為によって妨害された（disruption）結果，納期遅延が生じないものの，請負者の作業効率が落ちたことで追加費用が生じた場合には，その追加費用は誰が負担するのか？　その作業効率低下による追加費用金額はどのように算出するのか？（第5章第1節）
・仕様変更（change／variation）はどのような手続で行うのか？（第5章第2節）
・accelerationとは何か？　mitigationとは何が違うのか？（第5章第3節）

　本書は，200ページ強ある。もしかすると，膨大な量に思えるかもしれない。しかし，安心していただきたいのは，結局は，「上記に示したフロー」＋「disruptionや仕様変更など」の理解へと行き着くための解説にすぎない。つまり，ゴールはもう見えている。フローを覚えるだけなら，誰でも簡単にできることであろう。ただ，その理由や正しい手続をこれから学ぶだけなのである。

　そんな本書を読み進める際には，どこの章・項目を読む際にも，常に，「上記のフローのどの部分を詳述するものなのか？」をぜひ意識していただきたい。その都度，○項から○項を見返して確認するようにしてほしい。そうすれば，迷子になるのを防げる。迷子になりさえしなければ，必ず本書をマスターできる。

　そして，途中で難しくてなかなか理解できないところがあったら，とりあえずそこは飛ばして最後まで一通り読み通すことを心がけてほしい。本書は前から順番どおりに読んでいただければ階段を上るように理解できる構成となるように心がけたが，全体をとおして一度見た後で戻って考えると，スッキリ理解できる，ということはあらゆる分野の勉強でよくあることである。あまり完璧主義に走ると，先に進めず，そのうちすべてを諦めてしまい，かえってゴール

にたどり着けないことにもなりかねない。理解できない箇所には印を付けて，疑問点などをメモしておき，次へと進んでいただきたい。たとえば，第2章第4節では「同時遅延」について結構なページを割いて解説しているが，少し難しいと感じる人が多いかもしれない。その場合には，上記の方法をとってみてほしい。

　この分野に関する書籍は，これまで日本では出版されていなかった。そのため，初めて目にする言葉や初めて触れる考え方が出てくるかもしれない。不安になることもあるかもしれない。しかし，その度に思い出していただきたい。行き着く先はもうわかっているのだと。そう思えれば，きっとまた，読み進める勇気が湧いてくるはずである。

第2章

理論編

　仕事の遂行が遅れた場合に請負者は，発注者に対して，納期延長と追加費用を請求したいと考える。しかし，ある仕事Xに遅れが生じたからといって，どんな場合でもこれらの請求が認められるわけではない。

　クリティカルパス，フロート，そして同時遅延などをしっかりと学びながら，請負者が納期延長と追加費用を発注者から得られる条件を理解しよう。

第 **1** 節

納期遅延を引き起こす遅れと 引き起こさない遅れの違い

(クリティカルパス)

【仕事Xに遅れが生じた場合のフロー】

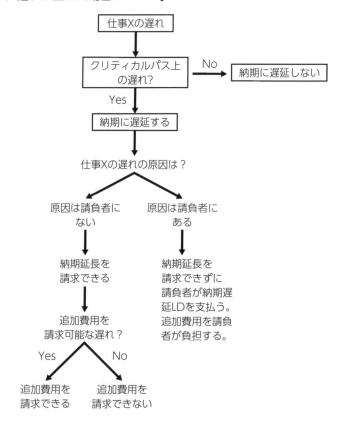

クリティカルパス

「クリティカルパス」という言葉を聞いたことはあるだろうか。クリティカルパスは，請負者が発注者に対して納期延長や追加費用を適切に行うために最初に理解しなければならない重要な知識である。クリティカルパスとは，以下のようなものである。

今，建設物を完成させるためにS_1・S_2・S_3という３つの工程が必要であるとする。工程S_1・S_2・S_3は工事の開始から終了までの間に並行して進めることができる独立した工程で，相互に依存しないものである。S_1では３つの作業a・c・fをこの順番で行う必要があり，全部で３か月を要する。S_2では作業b・dをこの順番で行う必要があり，２か月を要する。S_3では作業eを行い，1.5か月を要する。つまり，これら３つの工程が順調に進めば３か月で建設物を完成できる。

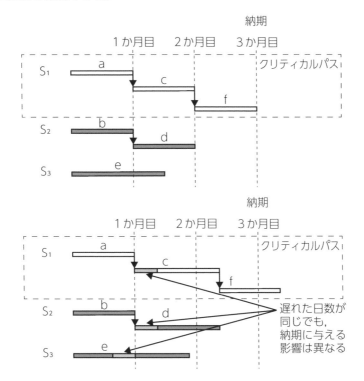

第２章 理論編 第１節 納期遅延を引き起こす遅れと引き起こさない遅れの違い（クリティカルパス）

　今，例えば，上記において，何らかの原因で，工程 S_2 の中の仕事 d が10日遅れたとする。この場合，納期に遅れは生じるであろうか。

　答えは，「納期に遅れは生じない」である。

　その理由は，仕事 d が10日間遅れたとしても，もともとあった納期までの1か月間の余裕のうち，まだ20日間の余裕が残っているからである。

　これは S_3 の工程の場合でも同じである。S_3 には，納期までに1.5か月の余裕がある。仮に S_3 の工程，つまり仕事 e が何らかの原因で10日間遅れたとしても，全体の完成日，つまり納期には影響しない。

　しかし，工程 S_1 にはもともと納期まで1日も余裕がなかったので，もしも工程 S_1 の作業 a・c・f のどれか1つでも（前頁の表では c を遅らせている），わずか1日でも遅れた場合には，工事全体の完成時期（納期）が遅れる。つまり，工程 S_1 は，建設物を最短時間で完成させるために遅れることのできない重要な工程であるといえる。この工程 S_1 のような一連の作業の経路（作業 a → c → f）を「クリティカルパス（critical path）」と呼ぶ。これは，建設物を完成させる複数の工程のうち最も期間の長い作業経路なので，「最長経路」とも呼ばれる。

　つまり，ある仕事 X に遅れが生じた場合に，その仕事 X がクリティカルパス上にあるか否かによって，納期に遅れが生じるのか否かが決まるのである。そして，納期に遅れが生じないなら，「発注者が納期遅延によって被る損害を誰が負担するべきか」や，「請負者は納期延長を発注者に対して請求できるのか」という問題は生じない。

クリティカルパスは工事期間中一定ではない

　クリティカルパスについて，特に意識していただきたいことがある。それは，「クリティカルパスは，工事期間中，常に同じではない」ということである。

　上記の例では，クリティカルパスは，S_1 の工程であった。S_2 の工程上の仕事も，S_3 の工程上の仕事も，多少遅れが生じても，納期には影響しないが，S_1 の工程上の作業は1日でも遅れたら，納期に遅れるからである。

　ここで，工事開始後1か月経過したときに，何らかの原因で，S_2 の工程上

の仕事bが大幅に遅れたとする（以下の表のbの薄いグレー部分）。その結果，S_2の工程が終了するのは，仕事の開始時期から4か月目となったとする。これにより，全体の工程が以下の表のように変化する。

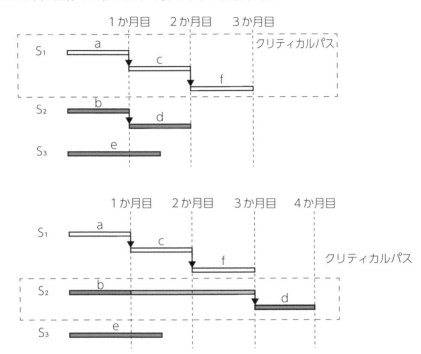

　すると，どうだろう？　「建設物を完成させる複数の工程のうち最も期間の長い作業経路」はS_2となった。つまり，S_2の工程がクリティカルパスとなったのである。これにより，工程S_1上の仕事，例えば仕事fが数日遅れたくらいでは，工事の完了時期（4か月目）に影響を与えないことになる。一方で，S_2上の仕事，例えば仕事dは，ここから1日でも遅れたら，工事の完了時期（4か月目）はさらに遅れることになる。この場合，クリティカルパスは，仕事bに遅れが生じる時期，つまり，契約締結から1か月経過時点まではS_1だったのだが，仕事bが大幅に遅れた結果，クリティカルパスがS_2に「変わった」のである。よって，これより後は，S_1やS_3の工程上の仕事が多少遅れても，工事完了時期は4か月目よりも遅れないことになる。

　このように，クリティカルパスが工事期間中に変化することを，dynamic（ダイナミック）と表現することがある。ダイナミックというと，日本語では，例えば，「ダイナミックに変化する」のような形で使われる。これは，<u>劇的に変化する</u>といった意味だが，実は，もともと英語のdynamicには，「変化する」とか「動的な」という意味がある。よって，「クリティカルパスはダイナミックなものだ」というときは，「クリティカルパスは，<u>工事期間中一定ではなく，刻刻変化し得る</u>（契約締結時にクリティカルパスであると見えたものが，その後の状況の変化でクリティカルパスでなくなることがある）」という意味である。

　このように，クリティカルパスが常に変化し得ることは，請負者による発注者への納期延長のクレームや発注者が納期遅延によって被る損害を誰が負担するのかという問題にどのような影響を及ぼすことになるのだろうか。

　答えは，契約締結時に作成した工程表においてクリティカルパス上にあった仕事Xが，例えば，工事開始後1か月後に何日か遅れたからといって，必ずしも納期に影響を与えるとは限らない，というものである。

　なぜなら，工事が進捗していくにつれて，仕事Xよりも時期的に前に行われる何らかの仕事Yが遅れた結果，工程が変化し，仕事Xがクリティカルパス上に存在しなくなることもあり得るからである。そして，仕事Xがクリティカルパス上に存在していない時点で仕事Xに遅れが生じても，それは納期に影響を与えないので，そのときは，納期遅延に関する問題は生じないことになる。

　つまり，「いつの時点」で仕事Xが遅れたのかを特定しなければ，請負者は発注者に対して適切に納期延長の請求などできないし，逆に発注者は，請負者に対して，納期遅延によって損害を被ったと主張することもできないのである。

　この，「契約締結時の工程表だけを見ていただけでは納期遅延が生じるか否かがわからない」という点は，今後とても重要となるので，ぜひ，押さえておこう。

フロート

　クリティカルパスと合わせて押さえておきたい言葉として，フロート（float）

というものがある。建設契約で出てくるフロートとは，「工程のどこかの仕事が遅れたとしても，それによって納期に遅れずに済む期間」である。簡単にいえば「バッファ（buffer）」である。「余裕」といってもよいかもしれない。例として，以下の工程表中にフロートを示す。

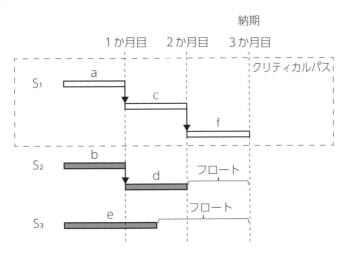

S₂とS₃の工程中の仕事が数日遅れても，全体の納期（仕事開始から３か月後）には全く影響が出ないことがわかると思う。この部分がフロートである。

こうしてみると，フロートとは，クリティカルパス上には存在せず，クリティカルパスではない工程上に存在するものであることがわかる。そして，クリティカルパスではない工程が何らかの理由で遅れると，このフロートはその分減っていく（「消費される」という）。最終的にすべてのフロートが消費された結果，その工程上のフロートがゼロになるとどうなるのか？　この場合には，フロートがゼロになるまで減ってしまったその工程もクリティカルパスとなる。次頁の表では，S₂の仕事dに遅れが生じ，フロートがすべて消費された結果，S₁とS₂の２つがクリティカルパスになる。このように，クリティカルパスは必ずしも１つであるわけではなく，２つ以上の工程が同事にクリティカルパスになることがある。ここからさらにS₂の工程が遅れると，S₂のみがクリティカルパスになる。

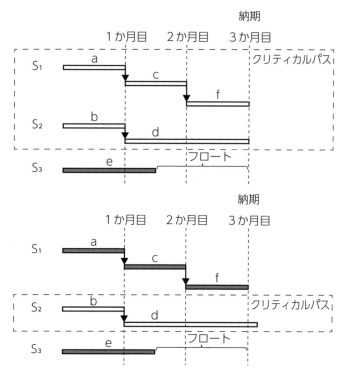

　上記から，フロートとは，「納期に遅れを生じさせることなくある仕事を遅らせることができる期間」を指すのだ，それはクリティカルパスではない工程上にあるのだ，という点を理解しよう。ちなみに，英語では，このフロートが消費されていくことを，the float is used，the float is reduced，または，the float is consumedなどといった表現で表される。

　ここで，以下の穴埋め問題を解くことでこれまでのおさらいをしよう。

【理解度確認問題】

> 　仕事Xに遅れが生じた結果，納期に遅れが生じるのは，仕事Xが［①］である工程上の仕事である場合である。
>
> 　もっとも，クリティカルパス上にない仕事Xに遅れが生じる場合でも，仕事Xの［②］が消費され尽くすと，仕事Xが存在する工程がクリティカルパスとなり，納期に遅れを生じさせることとなる。

答え：①クリティカルパス（critical path）／②フロート（float）

　ここから，仕事Xに遅れが生じた結果，納期に遅れが生じるのは，クリティカルパスとフロートの観点から整理すると，次の場合であるといえる。

> ①　もともと仕事Xがクリティカルパス上にあり，そして，仕事Xに遅れが生じた場合
> ②　もともと仕事Xはクリティカルパス上にはなかったが，何らかの仕事がもっていたフロートが消費された結果，仕事Xがクリティカルパス上にあることになり，そして，仕事Xに遅れが生じた場合

　ここまでは，納期に遅れが生じるのはいかなる場合か，という話であった。第2節では，仕事Xに遅れが生じたために納期に遅れが生じる場合に，請負者と発注者がそれぞれどのような責任を負うことになるのかについてみていこう。

コラム①～人が足りないのか？　それともする必要のない仕事が多いのか？～

「人が足りない」。

このようなことがいわれる組織は，２つのある特徴を備えている傾向があります。１つは，特に大きなプロジェクトがある状態でない普段の時でも，いつもメンバー全員がいっぱいいっぱいで仕事をしていることが多いこと。もう１つは，仮にメンバーを増やしても，その人に，本来ならする必要のない仕事があてがわれることです。

一方，滅多に「人が足りない」といわない組織にも，やはり２つの特徴があります。１つは，大きなプロジェクトが急遽発生した場合に備えて，エース級は普段はゆったりと仕事をし，残業もせずに帰宅できていること。もう１つは，仮にメンバーが増えても，それに合わせて，本来ならする必要のない仕事が増やされないことです。

ときどき，部下が定時で帰ったり，普段の勤務態度に余裕がありそうに見えたりすると，「もっと仕事をさせよう」「もっと負荷をかけよう」とする組織があります。この理由は単純ではありません。単に，とにかく自分の部が常に100％稼働状態でないと気が済まないという場合もあれば，周りから「暇そうな部門」と思われると，部に与えられる予算が減らされるとか，人を減らすように求められるリスクがあるから，という場合もあります。

理由はともかく，そういう組織は，とにかく仕事を増やそうとします。「全く不要な仕事でない限り，やらないよりはやったほうがよい」と考えるようです。しかし，そういう姿勢で仕事を増やすと，部内はいつでも100％稼働状態となります。そんなときに，急遽大きなプロジェクトが立ち上がると，そのためのメンバーを都合するのが難しくなります。このとき，普段から本来する必要のない仕事をしている認識があれば，「それはしばらく置いておいて，こっちに集中する」，とできますが，そのような区別がついていない場合，「人が足りない」ということになります。そして，上層部に掛け合い，もしもお金に余裕がある会社であれば，中途採用をすることになります。それによって，そのときは，何とかうまく回るかもしれません。しかし，その大きなプロジェクトが終わると，増えた１人は普段は特に仕事がない状態となります。ここでまた，「部下が100％稼働して

いない！ もっと仕事を増やそう！」とすると，再び部内には余裕のある人がい
なくなります。この後は，ずっと同じことが続きます。つまり，こうして，部内
にはどんどん本来する必要のない仕事と人が増えていき，そして，常に「人が足
りない」と感じられる状態が現れるのです。

　働きアリは，実は，普段は巣を構成するメンバーの約20％はあまり働いてい
ないそうです。しかし，常に彼らが怠けているわけではありません。通常とは異
なる仕事が生じたとき，例えば，人間によって巣の一部が壊された場合には，そ
の修復のために巣の中にいる他のアリの動きが慌ただしくなります。そして，い
つもよりもアリが活発に動くようになることで巣の中が一定の温度を超えたとき，
普段怠けているように見えた彼らは働き始める，という説があります。つまり，
「ん？ なんだか暑いぞ！？ みんな忙しく動き回っているんだな？ それなら，
俺たちの出番だ！」と，普段怠けていたアリが感じたかのように，突如本気を出
し始めるのだそうです。ここで注目すべきは，突如本気を出し始めるアリの存在
ではありません。そうではなく，「働きアリという組織は，急に仕事が増えた場
合に備えて，普段は20％のアリが休んでいる状態を良しとしている」というこ
とです。つまり，余裕・バッファを持つことにしているのです。「暇ならこの仕
事もやれ！」などといって，常に100％稼働状態になどしていないのです。アリ
が組織として人類よりも長い間生存し続けていることを考えると，人間はこの仕
組みをバカにすべきではないかもしれません。

　あなたの部署で，今，人が足りていないといわれているのは，普段からする必
要のない仕事が多いために，余裕がないからでしょうか？ それとも，本当に人
が足りていないからでしょうか？

第2節

納期に遅れた場合の原則
～納期遅延LDと追加費用～

【仕事Xに遅れが生じた場合のフロー】

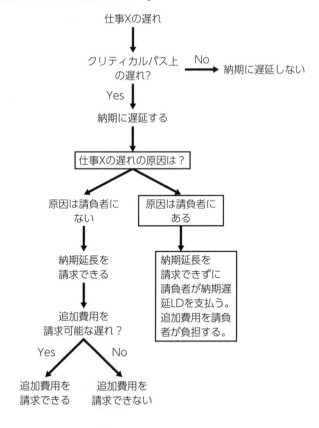

仕事Xに遅れが生じた結果，納期に遅れが生じることになるのは，次の2つの場合であると述べた。

---

①　もともと仕事Xがクリティカルパス上にあり，そして，仕事Xに遅れが生じた場合

②　もともと仕事Xはクリティカルパス上にはなかったが，何らかの仕事がもっていたフロートが消費された結果，仕事Xがクリティカルパス上にあることになり，そして，仕事Xに遅れが生じた場合

では，仕事Xに遅れが生じ，その結果，請負者が納期までに工事を完了できなかった場合，一体何が起こるのか。この場合，原則として，請負者は，「納期までに工事を完了しなければならない」という契約上の義務に違反したことになる。ここで，いかなる国の法律に従う場合でも，契約に違反した者は，相手方に対して，相手方が被る損害を賠償しなければならなくなるのが通常である。また，「契約に違反した者は，相手方が被る損害を賠償しなければならない」という定めは，たいていの契約書に定められている。したがって，法律・契約に基づき，請負者は，契約違反によって発注者が被る損害を賠償しなければならなくなる。そして，建設契約では，この「納期に遅れることで発注者が被る損害の賠償」は，納期遅延LDの支払となるのが通常である。

納期遅延LDとは何か？

LDとは，liquidated damagesの略で，エルディーと呼ばれる。契約書に，納期に1日遅れた場合に請負者が発注者に支払わなければならなくなる金額を定めておくものである。これにより，10日遅れたらその10倍，20日遅れたら20倍の金額を請負者が発注者に支払う責任を負うことになる。

本来，契約違反に基づく損害賠償は，損害を被った契約当事者が，被った損害額を立証しなければならない。もしも損害額を立証できない場合には，いくら賠償するべきかが決まらないので，契約に違反した当事者は何ら賠償しなく

てもよい，という結論にもなり得る。

　これを建設契約における納期遅延の場合に当てはめると，工事の完了が納期に遅れたことで損害を被る発注者が，その遅れによって被る損害額を立証しなければならないということになる。しかし，発注者にとって，これがなかなか難しい。

　そこで，納期遅延LDを契約で定めることが建設契約ではよく行われる。納期遅延LDをあらかじめ定めれば，請負者が納期に何日遅れたのかを発注者が示すことで，あとは自動的に賠償されるべき金額が算出される。納期に何日遅れたのかを示すことは，発注者にとって非常に簡単である。納期は契約書に定められているし，工事が完了すると，検収証明書にはその日付が記載されるのが通常なので，発注者は契約書と検収証明書を示せばよい。つまり，発注者は，実質的に損害額を立証する必要がなくなるといってよい。

　なお，契約に納期遅延LD（1日遅れたらいくら支払うというもの）を定めると，実際に生じる損害がいくらなのかは問題にならなくなる。例えば，納期に10日遅れた結果，実際は100万円の損害が発注者に生じており，それを発注者が立証できた場合でも，納期遅延LDで算出された金額が90万円である場合には，請負者はその90万円を支払えばよいことになる。逆に，請負者が，発注者が被った損害額は80万円であると立証しても，請負者は，納期遅延LDで算出される90万円を支払わなければならない。

　ちなみに，契約に納期遅延LDを定める場合には，上限も一緒に定められるのが通常である。例えば，「請負者が発注者に支払う納期遅延LDの合計額は，契約金額の20％を上限とする」という条文である。このような定めがある場合には，請負者が納期に大幅に遅れた結果，納期遅延LDから算出される金額が契約金額の20％を超える場合でも，請負者は，契約金額の20％までしか発注者に支払う責任を負わないことになる。

参考　～納期遅延LDの上限は発注者に不利，請負者に有利となるのか？～

　この点，「それでは請負者は契約金額の20％に達するほど遅れた場合には，その後はいくら遅れても痛みがないので，遅れ放題になってしまい，発注者に著し

く不利ではないか」と感じるかもしれない。しかし、そうではない。というのも、納期遅延LDの上限に達するほど遅れた場合には、発注者は契約解除権を持つことになるのが通常だからである。契約を解除された場合の効果は契約書の定めによるが、通常は、請負者は契約解除までに発注者から対価として支払われた金額を全額返金しなければならず、さらに、契約解除によって発注者が被る損害まで賠償しなければならなくなる。これは、請負者にとっては巨大な損失となり、何よりも避けたいと考える結果である。また、納期に遅れることで、請負者はそれだけ予定よりも長い期間建設サイトに滞在していなければならなくなるので、追加で費用がかかる。請負者が納期遅延LDを負担しなければならない場合、つまり、請負者の原因で納期に遅れる場合には、この追加費用も必然的に請負者の自己負担となる。したがって、請負者は、「上限を超えたらいくら遅れても痛みなし。遅れ放題」とはならないし、むしろ、甚大な損失を被ることになるといってよい。

　これを発注者の立場からいえば、「納期遅延LDを支払ってもらっても許容できないほどの遅延日数×LDの料率（1日の遅れに相当する金額）＝納期遅延LDの上限」となるように契約上手当てするべき、ということになる。

納期遅延によって請負者に生じる追加費用

　また、納期に遅れるということは、工事の完了が納期に間に合った場合と比べて、工事現場である建設サイトでより長い期間作業が必要になるということを意味する。すると、その分費用が余計に生じる。例えば、納期に10日遅れが生じた場合には、10日間余計に現場監督者を建設サイトに滞在させることになるので、その分の費用がかかる。また、例えば、仮設トイレや作業員が建設サイト内を移動する際に使う車などのレンタル費用も増える。こういった「建設サイトにより長く滞在することで生じる」費用は単に追加費用（additional cost）とも呼ばれるが、英語では特に、prolongation costと呼ばれることがある（prolongationとは、「延長」「延長部分」という意味である）。この費用は、請負者が納期遅延LDを支払う責任を負う場合には、請負者の自己負担となる。

　つまり、納期に遅れた場合には、原則として、請負者が、納期遅延LDと追

加費用（prolongation cost）を負担することになる。この金額は，納期の遅れの程度が大きければその分だけ高額になる。その遅れた案件で利益が出なくなる，というだけではなく，請負者の経営に甚大な影響を及ぼすことになり得る。

　ただし，例外的に，納期に遅れても，請負者が発注者に対して納期遅延LDを支払う責任を免れ，また，追加費用（prolongation cost）を発注者に請求できる場合がある。それは，契約書に「この場合には，請負者は納期を延長するように発注者に求めることができる」や「請負者は追加費用を発注者に請求できる」などと定められている場合である。次では，このような定めがなされる場合について見ていこう。

【理解度確認問題】

> 　納期に遅れた場合，請負者は，原則として発注者に［①］を支払わなければならない。これは，建設契約では，［②］の支払として定められているのが通常である。②には［③］が定められており，それを超えるほど遅れた場合には，発注者に［④］が生じるのが通常である。
>
> 　また，納期に遅れると，請負者はそれだけ建設サイトに長く滞在することになるので，［⑤］を被る。これは，原則として，［⑥］の負担となる。

答え：①納期遅延の損害賠償金額／②納期遅延LD（エルディー）／③上限／④契約解除権／⑤追加費用（prolongation cost）／⑥請負者

参考　〜納期遅延LDとTime is of the Essenceの関係〜

　売買契約書に，次のような文言が定められていることがある。

Time is of the Essence.

　これは，直訳すれば，「時間は本質である」といった意味になるが，売買契約書では，「売主が納期に遅れずに義務を履行することは，この契約において必要不可欠なものである」という意味になる。あえてこのようなことを契約に定めた場合の効果は，「納期に１日でも遅れが生じたら，買主に契約を解除する権利が生じる」というものである。

　英米法の下では，契約はなるべく解除されずに有効なまま維持されることが望

　ましいと考えられている。そのため，ちょっとした契約違反があった場合でも，すぐに契約解除権が相手方に生じるとはせずに，例えば納期遅延LDの支払で損害を補填すれば足りる，という扱いにするべきだと考えられている。

　この点，建設契約では，売買契約とは異なり，納期に遅れが生じることはよくあることなので，それに備えて納期遅延LDとその上限が定められるのが通常である。そして，その上限に達するほど遅れた場合に初めて発注者は契約を解除する権利を持つに至る，という建付けになるのが一般的である。

　ここで，もしも，建設契約にTime is of the Essenceと定められている場合には，納期に1日でも遅れたら，発注者は即契約を解除できるということになる。これは，納期に遅れても解除せずに，上限に到達するまでは納期遅延LDを支払ってもらえればよい，という考え方とは矛盾するものである。よって，納期遅延LDが定められるのが一般的である建設契約には，Time is of the Essenceという文言が定められることはまずない（少なくとも筆者は見たことがない）。

　では，もしも建設契約にTime is of the Essenceという文言が定められていたら，請負者は一体どうするべきか？　まず，その文言を定めてきた発注者にその真意を確かめよう。つまり，納期に1日でも遅れたら解除したいということなのか？　と。もしも，「そのような意図ではない，基本的には納期遅延LDの支払をしてもらえればよいと考えている」という回答であったなら，Time is of the Essenceは削除してもらおう。

　この点，Time is of the Essenceと納期遅延LDが同時に定められていても別に問題ないではないか，という考え方があるかもしれない。つまり，権利を行使するか否かは自由なので，1日でも納期に遅れたら契約を解除する権利を発注者が持ちつつも，その権利を行使しないことを発注者が選択した場合，発注者は納期遅延LDを請求できるようにしても問題はないはずだ，という考え方である。この場合，発注者がいったんは契約解除ではなく，納期遅延LDを得ることを選択した後で発注者がやっぱり契約を解除したいと考えたら，発注者はそこでTime is of the Essenceに基づき契約を解除し，かつ，納期から解除権を行使するまでの間の損害分として，納期遅延LDを支払ってもらうことになるであろう。たしかに，このような建付けにすることが法律上許されないわけではないだろう。

　しかし，請負者は，このような条件で契約を締結するべきではない。

　本来，損害賠償は，損害を被った者がその金額を立証しなければならない。納期遅延に関しては，発注者が，遅れによって被る損害を立証しなければならない。これは，結構な手間であるし，難しいことがある。このわずらわしさを免れるために，発注者は納期遅延LDを定めるのである。一方，発注者にそのようなメリットがある納期遅延LDを契約に定めることを請負者が合意する理由は，「請負者が「納期に遅れそうだ」と感じた時点で，納期に遅れた場合に発注者に賠償しなければならない金額を把握できるので，請負者は，そのまま納期に遅れるのをよしとするか，それとも，追加費用をかけて人員を増やしたり，残業をしたりして仕事のペースを速めて何とか納期に間に合うようにするか，そのどちらが自分にとって有利か（このまま遅れて納期遅延LDを支払うほうが，リソースを増やして納期に間に合うようにするよりも安く済むのか否か）を事前に判断できるようにするため」である。請負者にも，納期遅延LDを定めることについてこのようなメリットがあるから，納期遅延LDを契約で定めたいという発注者の提案を受け入れるのである。

　ここで，もしもTime is of the Essenceと定めておきながら，一方で納期遅延LDを定めるなどということを請負者が許した場合，請負者は，上に述べたような「このまま納期に遅れて納期遅延LDを支払って終わりにするか，それとも，追加費用をかけてでもリソースを増やして何とか納期に間に合わせるべきか」という選択をすることができなくなる。というのも，1日でも遅れたら契約を解除されてしまう可能性があるので，それを防ぐために，必然的に，追加費用をかけてリソースを増やして納期に間に合わせる以外選択肢がないのである。つまり，Time is of the Essenceと納期遅延LDを一緒に定める場合には，請負者は何のメリットも享受できず，ただ，発注者だけが「すぐに解除する権利を持てるし，解除しなくても，被る損害を立証することなく賠償してもらえる」という極めて有利な立場に立つことになる。

　これは極めて不公平である。よって，請負者は，Time is of the Essenceと納期遅延LDが同時に定められている契約案を見たら，今一度，請負者自身にとって納期遅延LDを定めることで得られる上記メリットを思い出し，Time is of the Essenceと定めた発注者の意図を確認するべきである。もしも，発注者が1日でも遅れたら契約解除する意図であるなら，請負者はその納期までに本当に間に合わせられるかという観点でスケジュールを厳しく検討しよう。そして，納期

遅延LDの定めを削除するべきである。

　請負者が上記のような主張を交渉の場でしたとき，もしかすると発注者は，「実際に遅れてみないと即契約を解除するかどうかは自分でもわからない（だから，念のためTime is of the Essenceと定めておくだけだから，そんなに警戒しなくてよい）」と主張するかもしれない。しかし，そもそも，納期に間に合わないと契約を締結した意味が発注者にとってない場合に定めるのがTime is of the essenceである。Time is of the Essenceと記載しても，そのときになったら必ずしも契約を解除しないかもしれない，という場合には，それは，納期に遅れたとしても，契約を締結した意味がなくなるわけではないわけである。つまり，Time is of the Essenceと定められるべき契約ではない。請負者は，単に契約解除権を持って有利な立場を確保したい，という発注者のたくらみに負けてはならない。

第**3**節

請負者が納期延長・追加費用を発注者に請求できる場合

【仕事Xに遅れが生じた場合のフロー】

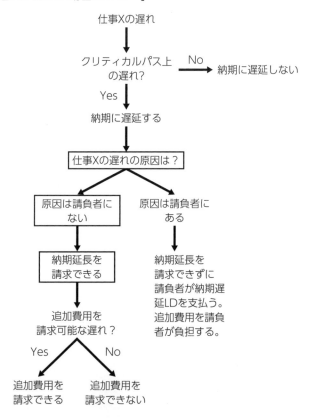

仕事Xに遅れが生じ，それが納期遅延を引き起こす場合，発注者は建設物を予定していた時期から使用できなくなることで損害を被り，また，請負者は建設サイトに予定よりも長い期間滞在することになるので，追加費用が生じる。そして，原則として，それらを負担するのは請負者である。これが，前節まで解説したことである。

ここで，「原則として」と記載していることからわかるとおり，そうでない扱いとなる場合がある。つまり，請負者は納期遅延LDを負担せず，また，自分に生じる追加費用を発注者に請求できる場合がある。それは，概ね，以下のような場合である。

➤ 発注者の契約違反

まず，発注者による契約違反によって，請負者の仕事が妨げられることがある。これには，次のようなものがある。

- 契約に定められている期日までに，請負者が建設サイトに入って仕事を開始できるように手配できないこと
- 契約に定められている期日までに，請負者に対して提供しなければならない情報を提供しないこと
- 契約に定められている期日までに，請負者が提出した設計図書に対してのレビューを終えないこと
- 契約に定められている期日までに，請負者に対価を支払わないことで，請負者が作業を中断することになった場合
- その他発注者の何らかの行為が，請負者の仕事を滞らせること

上記のように，契約上発注者の義務として定められている事項について，発注者がそれを果たさないことで，請負者の作業が滞るということがある。この場合，発注者の原因で請負者の仕事が遅れ，その結果納期に間に合わなくなるのだから，それについては，請負者が責任を負うというのは不公平だということは，法や契約を持ち出さずとも，感情としても当然だと感じられるであろう。

➤ 発注者による仕様変更命令

契約締結時に，プラントなどの建設物の仕様について両当事者間で合意される。この仕様に基づいて，請負者は仕事を行う。しかし，建設案件においては，請負者による作業開始後に，発注者が仕様の変更を求める場合がある。この仕様変更の要求があった場合，原則として，請負者はその要求に従う必要があると契約に定められているのが通常である。仕様を変更すると，当初の建設スケジュールを変更しなければならなくなる。もちろん，当初よりも仕事の分量が少なくなる変更の場合もあるだろうが，逆に増えることもある。おそらく，増えることのほうが一般的である。仕事の量が増えれば，それだけ完成時期が遅れるのが通常である（仕様変更についての詳細は171頁以降で解説）。

➤ 不可抗力 (Force Majeure)

建設案件においては，建設期間が数か月かかるのは普通である。ときには数年かかることもある。その間，建設現場では天災に見舞われたり，思わぬ事象などが生じたりすることもある。それは，請負者のせいでも発注者のせいでもない。このような事象をForce Majeureと呼ぶ。日本語では，不可抗力と訳されることが多い。このForce Majeureが生じれば，請負者の建設作業は妨げられる。その結果，完成時期が遅れてしまう。

➤ サイトの状態が見積り当時と異なる

建設サイトの地下に，契約締結時に請負者が把握していなかった物があると，それを取り除くために想定外の時間がかかることになる。その結果，完成時期が遅れてしまうことがあり得る。

➤ 法令が変更される

契約締結後に，例えば，安全基準など，建設物の仕様に影響する法律が変更されると，契約締結時に請負者が想定していなかった作業を追加でしなければならなくなり得る。その結果，完成時期が遅れてしまうことになり得る。

➢ 遺跡が発見される

建設サイトで遺跡が発見されることがある。遺跡は文化的価値があるものとして，丁寧に掘り出し，保管しなければならない場合が多い。そのため，完成時期が遅れてしまう原因となり得る。

➢ 発注者が作業中断を命令する

発注者都合で請負者に作業中断を求めることがある。この場合，予定よりも作業が遅れることになるので，やはり完成時期に遅れが生じることになる。

＊　　＊　　＊

上記に列挙した事項に共通するのは，一言でいえば，「請負者に原因がない事象」である。ただ，ここで注意したいのは，上記で列挙したような事象が生じたからといって，「自動的に」請負者が納期遅延の責任を「免れるわけではない」ということである。

この点，日本の民法に従うなら，請負者が納期までに完成させることができない場合でも，請負者にそのことの「帰責性」がない場合には請負者は納期遅延の責任を問われない。「帰責性」とは，簡単にいえば，「責められるべき理由」といったものである。つまり，請負者が何ら悪いわけでもないといえる上記に列挙したような事象が納期遅延の原因である場合には，請負者は民法の定めによって救われることになる。しかし，海外企業と交わす契約で日本の民法が準拠法とされることはまずない（準拠法とは，契約に定められていない事項や契約の文言を解釈する際に基準となる法律である。準拠法をどの国の法律とするかは契約当事者間の合意により決めることができる。通常の契約では，どちらの契約当事者の所在地国でもない第三国の法律が準拠法とされるが，建設契約は，発注者の所在地国の法律が準拠法となるケースが多い。したがって，日本の民法が準拠法となることは極めて稀である）。

では，どのような扱いとなるかといえば，<u>通常は，建設契約書に，「○○の場合には，納期が延長される」と明記されていない限り，納期に遅れる原因が上記に列挙したような事象によるものであっても，請負者の契約違反となり，請負者が納期遅延LDを発注者に支払う責任を負うことになる</u>と考えておいた

ほうがよい。特に，英国や米国のどこかの州法，さらには，帝国主義の時代にそれらの国の植民地とされたため，英米法の影響を色濃く受けているような国では，契約責任は無過失責任とされている。無過失責任の下では，「原因がなんであれ，契約に定められた義務を果たせない当事者は，相手方に対して契約違反の責任を負う」と考えられているので，下線部のことは一層当てはまると考えておいたほうがよい（ただし，例外がある。下記の参考を参照）。

　つまり，請負者は，建設契約書に，上記に列挙されている事象が生じて工事の完了が遅れる場合には納期が延長される旨が契約書に定められていることを，契約締結前にしっかりと確認し，もしも定められていない事項があれば，交渉の末，契約書に明記するべきである。

```
契約書
以下に列挙する事象により納期に
遅れる場合には，請負者は納期の
延長を得られるものとする。
・○
・◇
・△
・□
・●
・◆
・▲
・■
```

原則として，
ここに記載されていない
事象により納期に遅れが出る
場合には，請負者はそれが
自身に帰責性がない場合でも，
納期遅延LDを発注者に支払う
責任を負う。

参考　〜発注者の妨害による納期遅延の扱い　prevention principle と time at large〜

　31頁で，建設契約では，仮に請負者に原因がない事象によって仕事Xが遅れ，それが納期遅延を引き起こす場合でも，その事象が原因で納期に遅れが生じる場合には，請負者は発注者に対して納期延長を請求できる旨が契約に定められていない限り，請負者は納期遅延の責任を発注者に対して負わなければならなくなると述べた。しかし，これには，例外がある。それは，発注者の行為が請負者の仕事を妨害することで納期に遅れる場合である。

英米法では，prevention principleというものがある。日本語にすると，「妨害原則」とでもなるだろうか。これは，「契約当事者は，相手方が契約上の義務を果たすのを妨げてはならず，もしも妨げた場合には，妨げた当事者自身がそれによって利益を得てはならない」というものである。建設契約に当てはめてこれをわかりやすくいえば，「発注者が請負者の仕事を妨げておいて，その結果納期に遅れたのに，発注者が「納期に遅れたのは請負者の契約違反だ」と主張して納期遅延LDの支払を得ることは認められない」というものである。

英米法の下では，発注者が請負者の仕事の遂行を妨げた場合に納期延長できる旨が契約に定められていないと，このprevention principleが適用されることになると考えられている。その場合，次のような扱いとなる。

・納期は，time at largeとなる。これは，請負者は，「合理的期間」内に工事を完成させればよいことである。つまり，当初の納期に遅れても，発注者に対して納期遅延LDを支払う責任を負わないという意味である。
・「合理的期間」とは，建設工事の状況を踏まえ，「この時期までに完成されるのが妥当である」と考えられる期間をいう。つまり，ケースバイケースで決まる期間となる。
・仮に請負者がこの「合理的期間」内に工事を完成させられなくても，契約上定められている納期遅延LDは適用されず，損害賠償の原則どおり，発注者は被った損害を立証しなければならない。

発注者としては，「合理的期間」という不明確な納期となることや，納期遅延LDの適用がなくなるのは，自分にとって不利になると考えることが多いはずである。そのため，発注者は，自分の行為で請負者の仕事を少しでも妨げた場合にこのprevention principleが適用されるのを嫌がり，建設契約書に自ら，「発注者の何らかの行為で請負者の仕事の進捗を妨げた場合には，請負者は発注者に納期延長を請求できる」旨を定めるといったことをすることが多いようである。

これを請負者の立場から考えると，むしろ，prevention principleが適用されたほうが有利になりそうとも思える。実際，そういえることもあるであろう。しかし，締結した建設契約の準拠法によっては，必ずprevention principleが適用されるとは言い切れないので，請負者としては，発注者による仕事の妨げがある

場合も，納期延長を請求できる旨を建設契約に明記するように心がけるのを原則とし，もしも何らかの理由・手違いでそれを明記し忘れた場合には，prevention principleを主張して，time at largeに持っていこうとする，という対応としたほうが安全だと筆者は考える。

▎誰が納期遅延の責任を負うべきか？　フロートの帰属の問題

ここまでの解説を読んで，次のように考えた人もいるかもしれない。

「つまり……仕事Xに遅れが生じたときに，原則として，請負者が発注者に納期遅延LDを支払う責任を負うが，もしもその遅れが請負者の原因でないならば，納期延長を得られるのね。それなら，簡単に判断がつきそうだな。」

しかし，実は，単純にこうは割り切れないいくつかの問題がある。それは，納期に遅れが生じる原因が請負者にあるのか発注者にあるのか判断が難しい場合である。以下では，その問題について，見ていこう。

今，契約書に，29頁〜31頁に列挙したような事象が原因で納期に遅れる場合には，請負者は，発注者に納期延長を請求できる，と定められていたとする。ここで，第1節で解説したクリティカルパスおよびフロートと絡めて以下について考えてみよう。

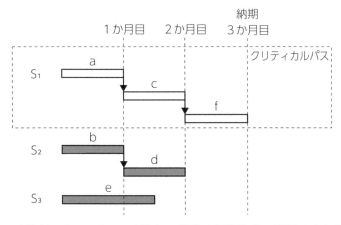

　上記の工程表の中で，S₂の工程上の仕事dが発注者の原因で1か月遅れたとする。すると，以下のようになる。

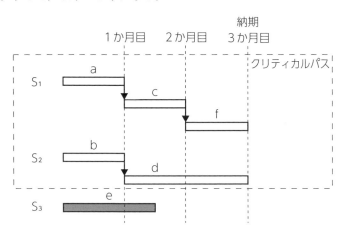

　つまり，完成予定時期は依然として3か月目のままである。ここで，請負者の原因で1日だけ仕事dが遅れたとする。すると，以下のように，納期とされている3か月目よりも1日だけ完成が遅れることになる。

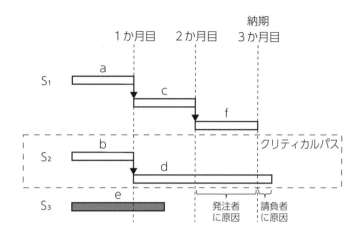

この場合，請負者が遅れたことで納期に１日遅れた状態になるので，この１日分だけ，請負者は納期遅延LDを発注者に支払わなければならないことになるといったら，どう思うだろうか。

「え？　どうして？　もともとは１か月間の余裕があったのに，発注者の原因でその余裕がすべて食い尽くされたんでしょ？　請負者はその後１日しか遅れていないのに，どうして請負者が納期遅延LDを支払わなければならなくなるの？」

こう思う人もいると思う。これは，「フロートは誰のものか？　＝フロートは誰が使えるのか？」という問題である。

結論からいうと，もしも「フロートは誰のものか？」について契約書に定めがあれば，それに従うことになる。もしも契約書にそのような定めがない場合には，どのように扱うかは，「決まっていない」のである。

「フロートは誰のものか？」について契約書に定めがない場合に，「フロートはプロジェクトのもの」という考え方を採用すると，「発注者も自由に（何ら責任を負わずに）フロートを使える」ことになるので，最初に発注者の原因で生じた遅れによってすべてのフロートが消費されることになる。そして，その後に請負者が１日でも遅れた場合には，「建設スケジュールに遅れた日数」で

見れば，発注者：請負者＝1か月：1日となり，請負者の罪のほうが軽いように思えるが，納期遅延の責任を負うのは実際に納期遅延を引き起こした「請負者のみ」ということになる。

　ちなみに，「フロートはプロジェクトのもの」とは，「フロートを使えるのは請負者だけではない」という意味で，これは，仕事を遅らせるあらゆる事象の場合に，フロートが使われるということを意味する。よって，上の例のように発注者に原因がある場合に限らず，例えばForce Majeureや法令変更のように，どちらの契約当事者にも原因がないという場合にもフロートが使われることになる。

　逆に，「フロートを使えるのは請負者だけ」という考え方を採用した場合には，全く別の結論が導かれる。つまり，請負者は，「納期遅延LDの責任を負うのは，請負者自身の原因でフロートを使い果たした場合だけ」ということになる。上の例では，最初に発注者の原因で仕事dが1か月遅れたが，この場合にはフロートは消費されない。請負者は，発注者が1か月間遅れた後でも，請負者だけが使える1か月間のフロート内であれば，遅れても納期遅延LDを発注者に支払う責任を負わなくてよい，ということになる。

　ここで重要なのが，「フロートはプロジェクトのもの」とした場合には，要は，「早い者勝ち」となる点である。つまり，先に遅れを生じさせた者が，フロートを使うことができるということである。

　今回の例によれば，フロート1か月分を先に発注者の原因で生じた遅れのために使い切った後に，たった1日だけ請負者が遅れを生じさせた場合には，発注者は納期遅延については何ら責任を問われず，請負者だけが納期遅延の責任を負う（つまり，納期遅延LDを発注者に支払わなければならないことになる）。

　このように，「フロートは誰のものか？　誰が使えるのか？」は，実際に請負者が遅れたときに納期遅延LDを支払う責任の有無と程度に大きな影響を及ぼす問題である。しかし，これほど重要な問題であるにもかかわらず，通常，契約書にはこのフロートの帰属について明記されていない。その結果，実際に請負者の原因ではない遅れが生じた場合に，フロートの帰属が問題となる。

　そして，上で述べたとおり，「契約書にフロートの定めがない場合には，どういう扱いとすべきか」という点について，世界共通のルールはない。ただ，

英国と米国においては，次のような傾向があるとされている。

> ➤ 英国の場合：
> 　契約書にフロートの帰属についての定めがない場合には，フロートは「プロジェクトのもの」と捉える。
> ➤ 米国の場合：
> 　契約書にフロートの帰属についての定めがない場合には，フロートは「請負者のもの」と捉える。

　その他の国でどうなのかはわからない。通常はフロートの帰属についての定めは契約書にはないことが多いが，時々，明記されている場合があるのは，おそらくそのためであろう。つまり，記載しておかないとどういう扱いになるのかわからないので，明記しておこう，と考える弁護士やプロジェクトの契約担当者がいるのであろう。

　では，上記を踏まえた場合に，請負者の立場で，フロートの契約上の記載について気をつけるべきことは何か？　それは，少なくとも，「フロートは，発注者だけが使うことができる」という定めがある場合には，削除するようにする，ということである。例えば，以下のような条文である。

Any float in the construction schedule shall be for the exclusive benefit of the Owner.
スケジュール上のフロートは，発注者の排他的な利益のためにあるものとする。

　もしもこのような記載のまま契約を締結してしまえば，請負者はフロートを全く消費できないことになってしまう。これは請負者にとって大変不利なことである。請負者としては，フロートは，自分だけが使えるとするのが最も有利で，それが叶わなくても，発注者も，そして自分も使える，つまり，「プロジェクトに帰属する」という扱いとするのが最低ラインである。本書では，

「フロート」はプロジェクトに帰属するということを前提にして以下解説を進めていくことにする。

　以下の穴埋め式問題でフロートについて整理しよう。

【理解度確認問題】

> 　最初，仕事Xはクリティカルパス上になかったが，発注者に原因がある事象によって仕事Xに遅れが生じ，それによって仕事Xのフロートがすべて消費された結果，仕事Xはクリティカルパス上に存在することとなった。その後，請負者が1日だけ仕事Xで遅れた。その結果，納期に1日遅れが生じた。請負者は，この1日分の遅れについて，発注者に対して納期遅延LDを支払う責任を負うことになるか？
>
> ➢ 契約書に，フロートは発注者に帰属する旨，またはプロジェクトに帰属する旨が定められている場合→①
> ➢ 契約書に，フロートは請負者にのみ帰属する旨が定められている場合→②
> ➢ 契約書にフロートの帰属について定めがない場合
> 　英国型：フロートはプロジェクトに帰属→③
> 　米国型：フロートは請負者のみに帰属→④

答え：①請負者は納期遅延LDを支払う責任を負う。／②請負者は納期遅延LDを支払う責任を負わない。／③請負者は納期遅延LDを支払う責任を負う。／④請負者は納期遅延LDを支払う責任を負わない。

　ここまでで，「ある仕事Xが遅れた」というだけでは，ただちに納期に遅延が生じるのかも，また，仮に納期に遅延が生じる場合でも，請負者が発注者に対して納期遅延LDを支払わなければならなくなるのかも，簡単には判断できないことを理解していただけたと思う。つまり，クリティカルパス上の仕事か，遅れの原因は何か，そしてフロートの帰属はどうなっているか，といったことを詳しく検討する必要がある。

　そしてもう1つ，大変難しい問題がある。それは，建設案件で古くから議論されている「同時遅延（concurrent delay）」と呼ばれるものである。まずは，

以下の場合に，請負者は納期遅延LDを発注者に支払わなければならないことになるのかを考えてみよう。結構悩んでしまう問題である。

【問題】

> 建設工事において，クリティカルパス上にある仕事Xを請負者が建設スケジュールどおりに開始するためには，以下の2つの条件が満たされている必要があった。
>
> ① 契約に定められている期限までに建設サイトに請負者が入れるように発注者が手配すること，つまり，建設サイトへのアクセス権を発注者が請負者に与えること
> ② 仕事Xを行うために必要な建設用の材料（例えば，配管など）を，仕事Xの開始予定日までに請負者が準備できていること
>
> 今，上記2つについて，どちらも建設スケジュールから10日遅れた。この場合，請負者は，発注者に対して，納期遅延LDを支払う責任を負うのだろうか？

　まず，仕事Xの開始時期が10日間遅れることで，納期に遅れが生じるのか？　を考えてみよう。問題では，仕事Xがクリティカルパス上にあると書かれているので，納期も10日の遅れが生じる。ここは大前提なので，その都度，面倒くさがらず，端折らずに確認するクセをつけよう。

　次に，納期に10日間遅れたことで発注者が被る損害を誰が負担するのかを検討する。これは，仕事Xが遅れた原因による。問題を見ると，発注者が建設サイトへのアクセス権を請負者に与えるのが遅れたとあるので，遅れの原因の1つは発注者にあるといえる。このように発注者に遅れの原因がある場合には，通常，請負者は納期を延長してもらうことができる，つまり，請負者は納期遅延LDを発注者に支払う責任を負わないという結論になるといえそうである。

　しかし，この問題では，同時に請負者が仕事Xを開始するために必要となる建設用の材料の準備に10日間遅れている。つまり，仮に発注者が建設サイトへ

のアクセス権を請負者に対して，建設スケジュールどおり与えていたとしても，仕事Xは請負者の原因で10日間遅れていたはずである。すると，請負者の契約違反によって納期に遅れたといえるので，請負者は納期遅延LDを支払う責任を負うべきである，とも思える。

　さて，どのように処理するべきか？　この点について，第4節で詳しく解説する。

【同時遅延の問題】

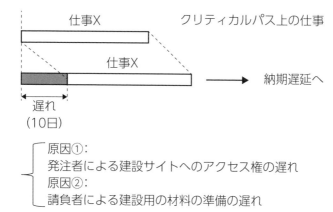

原因①：
　発注者による建設サイトへのアクセス権の遅れ
原因②：
　請負者による建設用の材料の準備の遅れ

第**4**節

同時遅延

同時遅延とは？

　同時遅延とは，請負者が納期延長を得られる遅れ（請負者に原因がない遅れ）と，請負者が納期延長を得られない遅れ（請負者に原因がある遅れ）が同時に生じる場合をいう。例えば，請負者が納期延長を得られる旨が契約に定められる代表的なケースである発注者がサイトへのアクセス権を請負者に与えるのに遅れることや，Force Majeureが原因で納期に遅れが生じるのと，同時に請負者が自分の原因で工事に必要となる機械や材料を調達できないでいるために，工事の開始が遅れ，それが原因で納期に遅れたという場合が同時遅延に当たる。

　このような同時遅延が生じた場合に，請負者に納期延長を与えるべきか否か，また，仮に納期延長を与えるとして，その期間は何日間とするか，さらには，遅れによって請負者に生じる追加費用を発注者に請求できるか否かが問題となる。

同時遅延とクリティカルパスの関係

　まず，押さえていただきたいのは，同時遅延は，あくまで２つ以上の遅れがクリティカルパス上の仕事に生じている場合をいうという点である。例えば，39頁の問題では，仕事Xがクリティカルパス上にあり，この１つの仕事Xが遅れた原因が２つある場合である。これとは異なり，２つの異なる仕事がどちら

もクリティカルパス上にあり，それぞれの仕事が同時に遅れる場合もある。どちらの場合も，「２つ以上の遅れがクリティカルパス上の仕事に生じている」といえるので，正真正銘の同時遅延である。一方，仮に２つ以上の遅れが生じたのが時期的に同時であっても，どちらか片方の仕事でもクリティカルパス上にない場合には，それは同時遅延ではない。下の図で，確認していこう。

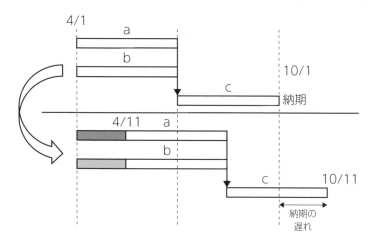

ここでは，ａ，ｂ，およびｃのすべての仕事はクリティカルパス上にあるといえる。そして，仕事ａと仕事ｂがそれぞれ遅れた結果，最後になされるべき仕事ｃが納期である10月１日に遅れた状況を表している。ここで，仕事ａが請負者の原因で遅れ，仕事ｂが発注者の原因で遅れた場合，両方ともクリティカルパス上の仕事に遅れているので，同時遅延となる。

一方，次の図では，ａおよびｃはクリティカルパス上にあるが，ｂはクリティカルパス上にはない。仕事ｂは最終的には仕事ｃと同じタイミングで終われば，納期に影響を与えない。よって，仕事ａにおける請負者に原因がある遅れと仕事ｂにおける発注者に原因がある遅れは同じタイミングで生じた場合でも，仕事ｂの遅れは納期に何ら影響を与えていないので，仕事ａと仕事ｂに生じた遅れは，同時遅延には当たらないということになる。

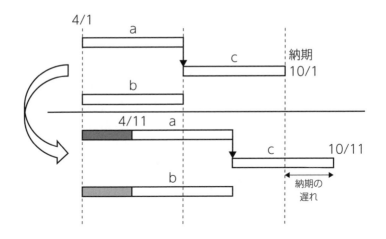

　以下では，シンプルに理解していただけるように，41頁の図にあるように，クリティカルパス上にある1つの仕事について，2つの原因で遅れる場合を例に解説していくが，実際には，同事遅延といわれるケースとしては，43頁の図にあるように，クリティカルパス上にある2つの異なる仕事にそれぞれ遅れが生じる場合もある，ということは理解しておこう。

　なお，同時遅延と呼ばれるものは，次の2つの場合に分けられる。

A：原因と効果が同時の場合

B：原因が別のタイミングで発生するが，効果が同時である場合

　　（効果が一部重なる場合）

　ここまで例に挙げた同時遅延は，Aの「原因と効果が同時の場合」である。Aの場合とBの場合で，処理のされ方が異なる。以下では，それぞれの場合を詳しく見ていく。

▌A：原因と効果が同時の場合

　納期に遅れを生じさせる事象，つまり，クリティカルパス上の仕事に遅れを

生じさせる2つの事象が同時に発生し，かつ，それらによって同じ期間だけ仕事が遅れるというケースは，稀だが起こり得る。このような場合はtrue concurrent delay（「真の同時遅延」または「本当の同時遅延」）と呼ばれている。39頁の問題は，まさにこのtrue concurrent delayであった。この場合にどのように扱われるのか，改めて見ていこう。

例：発注者は，請負者に対して，サイトへのアクセスを4月1日までに請負者に与える義務を負っていたが，これに10日遅れた。この遅れにより，請負者がサイトに入って仕事aを開始するのが10日間遅れた。その結果，契約上の納期である10月1日までに工事は完成せず，実際に完成するのは10日遅れの10月11日となった。

　一方，請負者は，サイトへのアクセスが与えられる予定日である4月1日から開始する予定だった仕事aに必要となる材料を4月1日までに準備できずにおり，実際には10日遅れでその準備が完了した。つまり，もしも発注者がサイトへのアクセスを請負者に予定どおり4月1日までに与えることができた場合でも，工事の完成は予定の納期から10日遅れの10月11日になっていたといえる。

　この例において，納期への遅れの原因となる事象が発注者と請負者の両方に生じている，つまり，請負者に納期延長が認められる事象と納期延長が認められない事象が生じており，それぞれの事象の発生日が4月1日であること，さらにその結果として，どちらか片方の事象が生じていなくても，仕事aの開始時期が4月11日まで遅れていたといえるので，たしかに原因と結果のタイミングが完全に重なっているといえる。つまり，true concurrent delayである。

	原因（cause）	結果（effect）
発注者の原因 （請負者に納期延長が 認められる事象）	4月1日にサイトへのア クセス権を与えられない	仕事aの開始が4月11日 まで遅れた。
請負者の原因 （請負者に納期延長が 認められない事象）	4月1日までに材料の調 達ができない	仕事aの開始が4月11日 まで遅れた。

【true concurrent delay（真の同時遅延）】

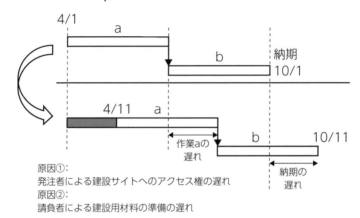

原因①:
発注者による建設サイトへのアクセス権の遅れ
原因②:
請負者による建設用材料の準備の遅れ

　このような場合の処理の仕方には，次の3つの考え方がある。

(1)　主たる原因

　納期に遅れを生じさせた主たる原因が，請負者が納期延長を得られる事象と納期延長を得られない事象のどちらにあるのかを検討するものである。一見理に適った検討方法であるようにも思えるが，主たる原因がどちらなのかを決めるのは簡単ではない。

(2)　比例責任

　それぞれの事象の納期遅延への影響度によって，納期延長日数を決める方法である。例えば，納期延長を得られる事象の影響度が6，納期延長を得られな

い事象の影響度が4であるとなった場合には，10日間の遅れのうち，6日間だけ，請負者に納期延長が与えられることになる。残りの4日間については，請負者が発注者に納期遅延LDを支払うことになる。こちらも，一見合理的に思えるが，影響度を客観的に算定するのは難しい。

(3) マルメゾンアプローチ

これは，「請負者が納期延長を得られる事象が生じている限り，請負者が納期延長を得られない事象が同時に生じていたとしても，請負者が納期延長を得られる権利は何ら影響を受けない」という考え方である。これは，1999年に英国で行われた裁判「Henry Boot Construction（UK）Ltd vs Malmaison Hotel」にて下された判決に基づくもので，訴訟の当事者であるMalmaison Hotel（マルメゾンホテル）から名前を取り，「マルメゾンアプローチ」と呼ばれている。

参考 ～マルメゾンアプローチ～

参考に，判決中でマルメゾンアプローチに言及した部分を以下に引用する。

"It is agreed that if there are two concurrent causes of delay, one of which is a relevant event and the other is not, then the contractor is entitled to an extension of time for the period of delay caused by the relevant event, *notwithstanding the concurrent effect of the other event*.

Thus to take a simple example, if no work is possible on site for a week, not only because of exceptionally inclement weather (a relevant event), but also because the contractor has a shortage of labor (not a relevant event), and if the failure to work during that week is likely to delay the works beyond the completion date by one week, then if he considers it fair and reasonable to do so, the architect is required to grant an extension of time of one week."

以下に意訳を記載します。

「2つの遅れが同時に生じた場合，つまり，1つは納期延長が認められる事象 (a relevant event)，もう1つはそれが認められない事象 (not a relevant event) が生じた場合，請負者は，納期延長が認められない事象によって遅れが生じたにもかかわらず，納期延長が認められる原因によって引き起こされた遅延について納期延長を請求することができる。

簡単な例を挙げてみよう。著しい悪天候（納期延長可能な事象）の理由だけでなく，請負者の労働力不足のために，建設サイトで1週間仕事を遂行することができなくなり，その結果，契約上の納期に1週間遅れる場合には，それが公平で合理的なものと考えるならば，1週間の納期延長を請負者に与えなければならない。」

世界における建設案件において，上記3つの考え方の中でどれか1つに解釈が完全に固まっているわけではないが，実務では，(3)のマルメゾンアプローチが比較的普及しているようである。請負者にとっては，納期延長が認められやすく，最も有利となる考え方といえるであろう。

B：原因は別の時期に発生したが，効果が同時である場合 （遅れの一部が重なる場合）

次に，納期に遅れを生じさせる事象，つまり，クリティカルパス上の仕事に遅れを生じさせる2つの事象が別々のタイミングで発生したが，それらによって生じる遅れが一部重なる場合の扱いについて，次の具体例の中で見ていこう。

＜例①：請負者が納期延長を得られない遅れ（請負者に原因がある遅れ）が先の場合＞

　請負者は，４月１日から開始予定だった建設作業に必要となる材料を準備できずにおり，実際に準備できたのは10日遅れの４月11日であった。当初，契約上の納期は10月１日であったが，この請負者の遅れによって工事の完成は10月11日まで遅れる見込みとなった。一方，４月３日から４月５日まで建設サイトをハリケーンが襲ったため，<u>もしも請負者が材料を４月１日までに調達できていたとしても，４月３日から４月５日の２日間は，ハリケーンの影響で仕事を中断せざるを得なかったはずであり，その結果，最終的に工事の完成は10月１日から10月３日まで２日間遅れていたはずである。</u>

【納期延長を得られない遅れが先に生じる場合】

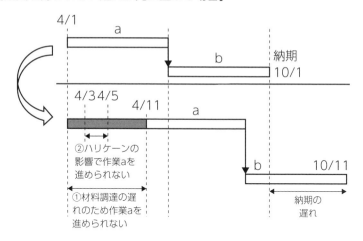

　この例で注目していただきたいのは，請負者が納期延長を得られない遅れ（材料調達の遅れ）と請負者が納期延長を得られる遅れ（ハリケーン（Force Majeure）の到来）が一部重なっている点（４月３日～４月５日はどちらかの遅れがなくても，結局遅れていたといえる）である。このような場合，以下の２つの考え方がある。

考え方1つ目：

　請負者の材料調達の遅れとハリケーンそれぞれによってクリティカルパス上の仕事aについて4月3日から4月5日まで遅れ，これが納期を2日間遅れさせている。つまり，この2日間は，請負者の材料調達の遅れがなくてもハリケーンが納期に遅れを生じさせていたし，逆にハリケーンによる遅れがなくても，請負者の材料調達の遅れが納期に遅れを生じさせていたといえる。したがって，両方に原因があるので，この期間分だけは同時遅延として扱い，「true concurrent delay」のところで紹介した3つの考え方（①主たる原因，②比例責任，③マルメゾンアプローチ）のどれかに従って処理されるべき。

　ここで，主たる原因説や比例責任説を採用した場合には，請負者の材料調達の遅れとハリケーンのどちらが主たる原因か，または，これらの原因の割合を検討した結果，例えば，どちらも主たる原因といえる，または，どちらの原因も同じだけ遅れに影響を与えているとなれば，2つの遅れが重なっている4月3日〜4月5日の2日間はそれぞれ折半され，請負者は1日分だけ納期延長を得られ，もう半分の1日分は発注者に納期遅延LDを支払わなければならない，という結果になると思われる。そして，残りの4月1日〜4月3日と4月5日〜4月11日の合計8日間の遅れについては，請負者による材料調達の遅れしかないので，この分はすべて請負者が発注者に納期遅延LDを支払うことになる。結局，請負者は，4月1日〜4月11日の10日間のうち，1日間だけ納期延長を与えられ，残りの9日間分は納期遅延LDを支払わなければならないという結論になるだろう。

　一方，マルメゾンアプローチによれば，2つの遅れが重なっている4月3日〜4月5日の2日間の遅れについて，請負者は納期延長を得られることになる。しかし，他の部分，つまり，4月1日〜4月3日と4月5日〜4月11日の部分の合計8日間分の納期の遅れは，請負者による材料調達の遅れしかないので，この部分については，請負者は発注者に納期遅延LDを支払う責任を負うことになる。

考え方2つ目：

　4月1日時点で，請負者の材料調達の遅れが4月11日まで生じることになり，その結果，工事の完成時期は10月1日から10月11日まで遅れる見込みとなった。ハリケーンが襲ったのは，10月11日まで工事が完了しない見込みとなった4月1日の後の4月3日である。つまり，ハリケーンによる遅れは，請負者の原因で

工事の完了が遅れることになった10月11日よりもさらに工事の完了を遅らせる
ものではない。したがって，請負者は，ハリケーンの影響を理由に，納期延長を
1日分も得られない。この結果，請負者は，10月1日から10月11日までの遅れ
すべてについて，発注者に納期遅延LDを支払う責任を負うことになる。

　上記の「考え方1つ目」と「考え方2つ目」とでは，結論がまるで逆になる。
「考え方1つ目」に従えば，請負者は少なくとも，幾日分かの納期延長を得られ
る可能性がある。一方，「考え方2つ目」では，請負者は全く納期延長を得られ
ない。「考え方2つ目」は，要は，「先に遅れたほうが全責任を負う」という考え
方である。

　この2つの考え方の違いは，クリティカルパスを採用した上で，それを厳格
に貫くかどうかという点にあるようである。つまり，「考え方2つ目」では，
請負者の材料調達の遅れが4月1日から始まっており，それが4月11日まで続
くことになる。これにより，4月1日時点で工程は下のようになる。

【納期延長を得られない遅れが先に生じる場合】

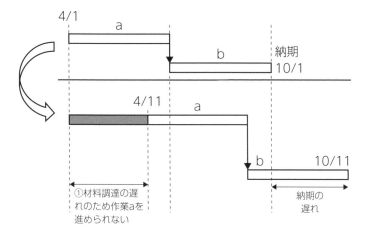

　この場合，4月3日に生じたハリケーンによる影響で4月5日どころか，仮に4月11日まで何ら仕事aについて進めることができなくても，10月11日に工事が完了するという点を変化させることはない。材料が建設サイトに到着する4月11日までは請負者は仕事aを開始できないことが4月1日の時点で決まっているからである。ましてや，4月3日から4月5日までの2日間ハリケーンがやってきたというだけでは，仕事aも含めて上の工程に全く影響がない。そのため，このケースでは，ハリケーンは何ら仕事aを遅らせるものではない，となる。その結果，請負者の材料調達の遅れとハリケーンは，「同時遅延の関係にはない」という判断となる。

　一方，「考え方の1つ目」では，クリティカルパスをそこまで厳格には捉えず，結果として，請負者による遅れと発注者による遅れが期間として重なっている点を重視して，「同時遅延である」と捉えている。

　実は，「考え方の1つ目」は英国の古い控訴審の判例，「考え方の2つ目」は英国の最近の下級審の判例に基づいている。下級審の判例とはいえ，最近の判断であるということで，最近の実務（裁判や仲裁など）では，「考え方の2つ目」で処理される可能性が高いかもしれない。

　なお，上の例では，英国の最近の下級審の判断である「考え方の2つ目」に従うと，請負者は遅れについての全責任を負うことになり，発注者に納期遅延LDを支払わなければならないことになるが，先に請負者が納期延長を得られる遅れ（請負者に原因がない遅れ）が生じる場合には，結論は逆になる。次の例②を見てみよう。

＜例②：請負者が納期延長を得られる遅れ（請負者に原因がない遅れ）が先の場合＞

> 発注者が建設サイトへのアクセス権を，契約に定められた日である5月1日までに請負者に与えることができず，実際にアクセス権を与えたのは5月21日であった。この発注者の遅れによって，クリティカルパス上の仕事aの開始時期が5月1日から5月21日に遅れることになった。この結果，契約上の納期は当初10月1日であったが，実際に工事が完成するのは20日遅れの10月21日となる見込みとなった。一方，請負者は，5月11日から開始する予定だった仕事b（これもクリティカルパス上の仕事）に必要となる材料を準備できずにおり，実際に準備できたのは4日遅れの5月15日であった。この請負者の遅れによって，もしも発注者のサイトへのアクセス権を請負者に与えることの遅れがなかったとしても，請負者による仕事bの開始時期が5月15日まで遅れることで，工事の完成は4日間遅れていたはずである。

【納期延長を得られる遅れが先に生じる場合】

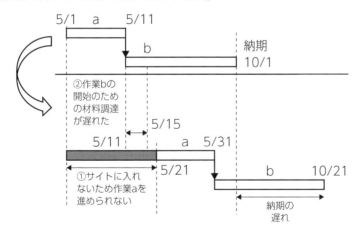

この場合には，まず5月1日に発注者による建設サイトへのアクセス権を請負者に与える点に遅れがあり，これによって工事の完成時期は10月1日から10月21日まで遅れることが5月1日時点で決まると考えられる。そして，これは

請負者が納期延長を得られる遅れ（請負者に原因がない遅れ）なので，新たな納期は10月21日となる。このように新たな納期が決まった後の5月11日に，仕事aの終了後に行われるべき仕事bのために必要となる請負者の材料調達の遅れが4日間生じているが，それは新たな納期である10月21日よりも完成を遅らせるような遅れではない。というのも，仕事bは，仕事aが遅れた結果，早くても5月31日からしか開始できないことが決まっているので，その5月31日までに仕事bのために必要となる材料調達がなされるならば，新たな納期となった10月21日に遅れないからである。つまり，請負者の材料調達の4日間の遅れは工事の完成を遅らせていないことになる。よって，請負者は納期遅延LDを発注者に支払う責任を負わない。これは，発注者の遅れと請負者の遅れは，「同時遅延の関係にはない」ともいえる。

【納期延長を得られる遅れが先に生じる場合】

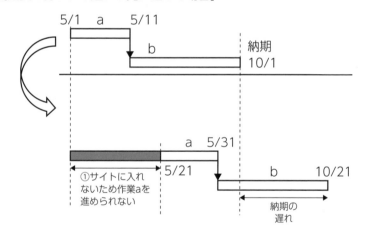

49頁の例①と53頁の例②は，どちらも，最初に生じた遅れの期間が後に生じた遅れの期間よりも長いケースであった（49頁の例①では，先に生じた納期延長を得られない遅れが4月1日〜4月11日までなのに対し，後に生じた納期延長を得られる遅れが4月3日〜4月5日であり，一方，53頁の例②では，先に生じた納期延長を得られる遅れが5月1日〜5月21日までなのに対し，後に生じた納期延長を得られない遅れが5月11日〜5月15日である）。これらと異な

り，最初に生じた遅れの期間よりも，後に生じた遅れの期間のほうが長くなるケースも実際にはあり得る。この場合，より複雑な処理となる。次の例③でこの点について見てみよう。

＜例③：請負者が納期延長を得られない遅れ（請負者に原因がある遅れ）が先で，かつ，請負者が納期延長を得られる遅れ（請負者に原因がない遅れ）がそれより長く続く場合＞

> 請負者は，4月1日から開始する予定だった仕事aに必要となる材料を準備できずにおり，実際に準備できたのは10日遅れの4月11日であった。契約上の納期はもともと10月1日であったが，この請負者の材料調達の遅れによって，工事の完成は10月11日にずれ込む見込みとなった。一方，4月3日から4月13日までサイトをハリケーンが襲ったため，請負者が材料を調達できた4月11日の後も，ハリケーンが去る4月13日までは仕事aを開始できないことになった。その結果，最終的に工事の完成も，請負者の材料調達の遅れによって一度遅れた10月11日から，ハリケーンの影響でさらに2日間遅れ，10月13日となる見込となった。

この例では，最初に請負者の材料調達の遅れという納期延長を得られない遅れ（請負者に原因がある遅れ）が生じ，その後ハリケーンというForce Majeureに該当し得る納期延長を得られる遅れ（請負者に原因がない遅れ）が生じている。そして，後から生じたForce Majeureが，仕事aについて，最初に生じた材料調達による10日間の遅れよりもさらに2日間長く遅らせている。このような場合には，50頁の「考え方2つ目」に従った場合でも，後から生じたForce Majeureが最初に生じた納期の遅れをさらに遅らせる結果となるので，そのForce Majeureによるさらなる遅れの部分（10月11日から10月13日の2日間の遅れ）については，請負者が納期延長を得られるという扱いになる。

【納期延長を得られない遅れの後で
納期延長を得られる遅れがより長く続く場合】

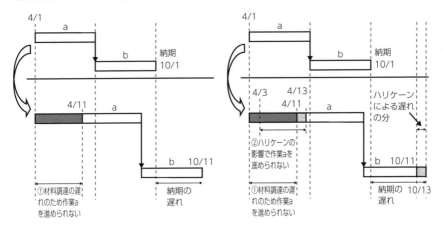

同時遅延の注意点

(1) 条文の文言

　フロートの帰属に関する問題と同様に，同時遅延の問題は，全世界で「常に
こう考える」という見解が固まっているわけではないものの，もしも契約に同
時遅延の扱いを定めている場合には，それに従うことになる。ここで請負者が
注意するべきなのが，以下のような条文が発注者から提示された建設契約の案
に定められている場合である。

【同時遅延】

> No adjustment of the Deadline shall be permitted if the Contractor's
> performance which is affected by the delay due to an incident giving
> rise to an adjustment of the Deadline has been simultaneously delayed
> or interrupted by any other circumstances caused by the Contractor.

> 納期延長が与えられるべき事象による遅延によって影響を受けた請負者の履行が，それと同時に請負者によって引き起こされた他の事象によって遅延または妨害された場合には，納期延長は与えられない。

performance 履行／affect 〜に影響する／delay 遅延／due to 〜に原因がある／incident 事象／give rise to 〜という効果を与える／adjustment 調整／simultaneously 同時に／interrupt 〜を妨害する／circumstances 事情／cause 〜を引き起こす

　これは，請負者に原因がある事象（納期延長が認められない事象）と請負者に原因がない事象（納期延長が認められる事象）が同時に生じた場合には，請負者がその遅れについて全責任を負うことを定めた条文である。つまり，同時遅延の場合には，請負者は納期延長をもらえないと定めている。

　当事者間でこのような合意をすると，請負者が納期延長を請求できないことが確定してしまう。特に，マルメゾンアプローチが実務では有力な見解だとすれば，基本的には，同時遅延であると認定された場合には，請負者は納期延長を得られる結果となることが多いわけだから，請負者としては，少なくとも，このような条文は削除するべきである。

(2)　発注者の遅れが先にあった場合に，請負者が意図的に自己の仕事のペースを緩めること

　最後に，同時遅延には，次のようなやっかいな問題が生じ得る。今，発注者が，クリティカルパス上の仕事aに遅れを生じさせたとする。このとき，請負者はこう思った。「仕事aが遅れたから，それと並行して行う予定であった仕事bも遅らせてもよいな」と。つまり，仕事aと仕事bはどちらもクリティカルパス上の作業で，仕事aが終了しないことには，仕事bだけ終わっても，仕事cに入ることができないので，仕事bだけ予定どおりに終わらせてもしかたがないというケースである。結局，請負者は仕事bの進捗スピードを緩め，仕事aと同時期に終わらせたとする。すると，発注者はこう主張した。「これは，同時遅延である」と。

　この場合，請負者としては，発注者が先に遅れ始めたので，自分たちもペースを緩めたにすぎない。しかし，このことを効果的に反論するのは難しいかも

しれない。客観的事実としては，たしかに，仕事 b が請負者の原因で遅れている
からである。ここで，もしも同時遅延と判断され，かつ，マルメゾンアプ
ローチ以外の主たる原因説や比例責任説が適用されたり，英国の古い最高裁の
判例などが採用されたりしたとする。その場合，このケースのように，本来で
あれば，発注者の原因で遅れた全期間について請負者が納期延長を得られてい
たはずなのに，発注者の主張が認められて同時遅延と認定されると，請負者は
半分しか納期延長を得られない，最悪の場合には，全く得られなくなり，遅れ
た分について納期遅延LDを発注者に全額支払わなければならなくなり得る。
対策としては，納期延長を得られる事象によって遅れた他の仕事に合わせるた
めに請負者が意図的に仕事のペースを緩めようとする場合には，緩める前に，
最低限，その理由を発注者に書面の通知で知らせておき，後で発注者から「同
事遅延である」と主張されないようにしておくべきである。

【先に遅れた発注者の遅れに請負者が合わせる場合】

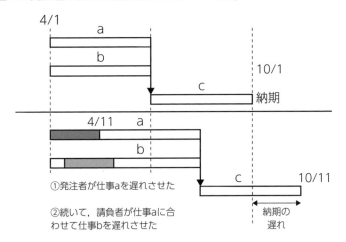

(3) 同時遅延と追加費用の問題

　ここまでは，同時遅延の場合に，請負者が納期延長を得られるのか，得られ
るとして，その日数はどのくらいか，という問題についての解説であった。こ
の他に，同時遅延として請負者が納期延長を得られる場合でも，その期間に請

負者に生じる追加費用の扱いの問題がある。これは，追加費用の立証に関する129頁以降で触れる。

【理解度確認問題】

(1) 同時遅延とは，クリティカルパス上にある仕事について，［①］と［②］が同時に生じる場合をいう。

(2) 同時遅延は，クリティカルパス上にある1つの仕事Xについて，上記2つ以上の原因で遅れが生じる場合と，クリティカルパス上にある2つ以上の仕事について，それぞれに遅れが生じる場合がある。

(3) また，同時遅延は，納期に遅れを生じさせる原因となる複数の遅れが同時期に生じる場合と，別々の時期に生じる場合がある。前者を［③］という。

(4) true concurrent delayについては，3つの処理の仕方がある。1つ目は，主たる原因説，2つ目は，［④］，3つ目は［⑤］。この中で，実務において比較的受け入れられているのは，3つ目である。

(5) 納期延長が与えられる原因となる遅れと納期延長が与えられない原因となる遅れが別々の時期に生じたが，遅れの期間が一部重なる場合の処理には，2つの考え方がある。1つは，英国の古い［⑥］が提示したもので，遅れが重なる期間を同時遅延と捉え，true concurrent delayと同じ方法で処理するもの。もう1つは，クリティカルパスの考え方を厳格に採用し，先に生じた遅れよりも後に生じた遅れが［⑦］期間続く場合でない限り，先に生じた遅れだけが納期を遅れさせたと考える最近の英国の［⑧］の裁判例が採用する考え方である。

(6) このように，同時遅延の考え方は，未だ固まっていないので，どのような処理になるかは，契約に明記されていない限り，一義的には決まらない。請負者としては，少なくとも，同時遅延であれば，一切納期延長を得られないという建付けにならないように，発注者から提示される契約書案をよく検討するべきである。

(7) 先に納期延長を得られる遅れが生じた際に，請負者がクリティカルパス上にある別の仕事を［⑨］に遅らせようとする場合には，後で発注者から「同時遅延である」と主張されないように，請負者は発注者に対して事前にペース

を遅らせる旨を書面で通知しておくべきである。

(8) 同時遅延は，請負者が納期延長を得られるか否かのみならず，遅れによって生じる［⑩］を得られるか否かについての問題も検討しなければならない。

答え：①請負者が納期延長を得られる原因となる遅れ／②請負者が納期延長を得られない原因となる遅れ／③true concurrent delay／④比例責任／⑤マルメゾンアプローチ／⑥控訴審／⑦長い／⑧下級審／⑨意図的／⑩追加費用

第**5**節

納期遅延に伴って生じる追加費用の請求

【仕事Xに遅れが生じた場合のフロー】

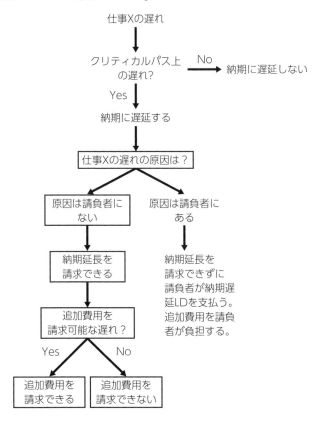

仕事Xに遅れが発生したとする。これによって納期に遅れが生じるのは，次の2つの場合であることは，17頁で解説した。もうみなさんもこのあたりはすぐに頭に浮かんでくるようになっただろうか。

---

① もともと仕事Xがクリティカルパス上にあり，そして，仕事Xに遅れが生じた場合
② もともと仕事Xはクリティカルパス上にはなかったが，何らかの仕事がもっていたフロートが消費された結果，仕事Xがクリティカルパス上にあることになり，そして，仕事Xに遅れが生じた場合

このとき，原則として請負者は納期遅延LDを発注者に支払う責任を負うが，契約書に「請負者は納期の延長を発注者に請求できる」と定められている事象が原因で仕事Xに遅れが生じた場合には，発注者に対して請求することで，納期を延長してもらえる。

つまり，ここまでは，ある仕事Xに遅れが生じた場合に，請負者は次のどちらになるのかについて学んできた。

➤ 発注者に対して納期遅延LDを支払う責任を負うことになるのか
➤ 発注者から納期延長を得ることができるのか

次に見ていくのは，納期に遅れが生じる場合に請負者が被る追加費用の扱いである。これは，主に次の2点が重要になる。

➤ 具体的にどのような費用が生じるのか
➤ それらを誰が負担するのか

納期に遅れが生じる場合に請負者に生じる追加費用
―建設サイト設置費用

　納期に遅れが生じるとは，請負者が建設サイトに予定よりも長い期間滞在しなければならなくなることを意味する。よって，まずは，そのことで生じる費用が考えられる。そういった費用は，一言でいえば，「建設サイトを構成するために必要となる費用」であるが，どのようなものかイメージは湧くだろうか。

　建設サイトには，作業員だけがいればよいというわけではない。建設は数か月にわたって行われるのが通常であるから，事務所が必要である。もちろん，そこで働く人が使うトイレも必要である。電気・水道・ガスやインターネット・電話を使うこともある。

　また，実際に作業を行う作業員のみならず，作業員を現場で監督・指揮・管理する人たちも必要である。作業員は素手で仕事をするのではなく，建設用の機器や道具を使う。また，建設サイト内はかなり広いこともあるので，その中を移動するための車や，作業員の通勤用の車も必要になる。

　上記をまとめると概ね以下のように分類できる。

・仮設設備（トイレ，事務所等）のレンタル費用

・水道光熱費・通信費などの費用

・建設サイトに滞在するスタッフ（現場監督者，指揮者，管理者，車の運転手，守衛等）の費用

・建設機材のレンタル費用

・スタッフや作業員の移動用のレンタカーの費用

【納期遅延により請負者に生じる追加費用】

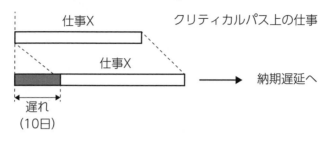

仕事X　　　　　　　クリティカルパス上の仕事

仕事X

納期遅延へ

遅れ
（10日）

遅れの分だけ，請負者がサイトに滞在する期間が
長くなる！

　このような費用は，site establishment costs（建設サイト設置費用）と呼ばれている。

ボンド保証料

　納期遅延に伴って生じる費用としては，他に，建設契約の有効期間と結びついているものが考えられる。例えば，ボンド発行手数料である。ボンド，例えば履行保証ボンドは，通常，検収時（工事完了日＝納期）に発注者から請負者に返還される，またはボンド保証料が減額されることになっているのが通常である。そして，このボンドの発行手数料を請負者がボンド発行銀行に支払っているが，この手数料は，あらかじめ合意されたボンドの期限に基づいて決められているのが通常である。よって，工事完了が遅れるほど，ボンドが返還されない状態が続くことになるので，請負者が銀行に支払わなければならないボンド発行手数料は増える。

保険料

　これと似たものに，保険料がある。建設契約では，工事保険や第三者賠償責任保険などをつけているはずである。そして，その保険料を請負者が銀行に支払っていることもよくあることだろう。この保険も，期間があらかじめ検収日

まso までとされているはずである。とすれば，この検収日が遅れれば，それだけ保険会社に支払うべき保険料は増える。したがって，この保険料も，納期遅延に伴って生じる追加費用といえる。

【納期遅延により追加で生じるボンド保証料・保険料】

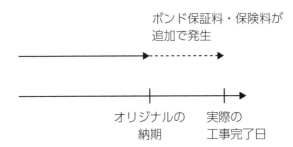

さらに，次のようなものも考えられる。

建設契約では，一般に，検収時に比較的大きな契約金額が支払われる仕組みになっていることが多いと思われる。しかし，検収が後ろにズレたことで，請負者が発注者から契約金額の支払を受けるのもその分遅れることになる。これにより，請負者がキャッシュ不足となるので，請負者が下請けに仕事の対価として支払う金額について，銀行から融資を受けなければならなくなることもある。すると，当然，請負者は銀行に利息を支払わなければならなくなる。この利息分も，元はといえば，納期遅延に伴って生じたといえる。

本社経費と逸失利益

さらに，見過ごされがちな請負者に生じる損失として，本社経費と逸失利益がある。これは上記に示した費用とはやや異なる配慮が必要になるので，特に詳しく解説したい。みなさんも，「ここはしっかり読まないと理解できないぞ」という気持ちをもってじっくりと向き合っていただきたい。

本社経費とは，本社などの管理部門の維持管理に費やされる経費のことである。例えば，社長や役員などの経営陣に支払われる報酬額や，総務・経理・人

事・法務部門などの維持管理費用のことである。本社経費は，英語ではhead office overheadと呼ばれ，大きくは以下の２つに分けることができる。

---

① dedicated head office overhead
② unabsorbed head office overhead

　まず，①dedicated head office overheadについてである。dedicatedとは，辞書を引くと，「目的・仕事などに打ち込んでいる，ひたむきな」という意味の他に，「ある特定の目的の」という意味がある。ここでは，後者の意味だと思われる。つまり，dedicated head office overheadとは，「ある特定の案件に紐づいて生じる本社経費」のことを指す。例えば，納期が延長されるプロジェクトにおいて，本社の役員が，そのプロジェクトが行われているサイトに出張するためにかかった出張費用等がある。

　一方，②unabsorbed head office overheadは，「特定の案件に紐づけることができない本社経費」を指す。例えば，以下のようなものがある。

・請負者の固定資産税
・本社があるビルの賃貸料
・本社の光熱費
・社長や役員などの報酬
・総務・経理・人事・法務などの管理部門の維持管理費用

　これらが，特定の案件に紐づけることができない，というのはわかるだろうか。例えば，本社があるビルの賃貸料は，今進んでいるプロジェクトから生じる費用ではない。その会社が存在し，本社ビルを借りることで生じる費用である。また，取締役や執行役といった役員は，今進行している案件にだけ特化して仕事をしているわけではなく，請負者が抱える案件全般的に関わっているといえる。そして，そのことに対する報酬が役員報酬である。よって，ある特定

の案件を受注しているか否かにかかわらず生じる費用である。こういった unabsorbed head office overheadは，dedicated head office overheadと異なり，どんなにそのプロジェクトに関する記録を詳細に保存できていても，そのプロジェクトとの関係を紐づけることができないものである。

　ここで，一般に製品を作って販売しているメーカーが，その製品の販売価格をどのように見積るのかを考えてみよう。価格は，大きくは，2つの要素からなる。1つは費用で，もう1つは利益である。費用の例としては，その製品を作るために必要となる材料費（material cost）や人件費（labor cost）がイメージしやすいものとして挙げられる。こういった費用を積み上げていき，その上にメーカーが得たいと考えている儲け分，つまり，利益の金額を加えたものが販売価格となる。

　ここで，本社経費のうち，dedicated head office overheadは，特定の仕事に結びつけられる費用なので，製品を作るために必要となる材料費や人件費と似たような性格といえる。もちろん，これも材料費や人件費と同様に販売価格の中に織り込まれる。

　では，unabsorbed head office overheadはどうか。これは特定の仕事と結びついていない。しかし，間違いなく，販売価格の中に織り込まれている。具体的には，「配賦（はいふ）」という形をとっている。

▌配賦とは？

　例えば，請負者が年にA，B，Cという3件の案件を受注する予定だったとする。unabsorbed head office overheadは，その案件の規模に応じて，割り当てられるのが通常である。今，請負者の年間のunabsorbed head office overheadとして300万円かかると見込まれているとする。そして，A～Cの案件で材料費や人件費を積み上げた金額が等しかったとしよう。この場合，unabsorbed head office overheadの300万円は，A～Cの各案件に100万円ずつ割り当てられる。つまり，A～Cの案件の契約金額の中には，それぞれ100万円のunabsorbed head office overheadが織り込まれることになるのである。これが，配賦と呼ばれるものである。

【建設契約における契約金額とunabsorbed head office overheadの関係】

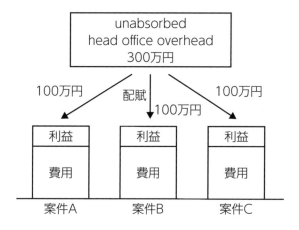

納期遅延が本社経費に及ぼす影響

　ここまでで，本社経費がどのように各案件の契約金額に織り込まれるかが理解できたと思う。では，納期遅延が生じた場合に，請負者の本社経費にどのような影響を及ぼすのかを見ていこう。

　まず，請負者が受注した建設中の案件Aについて，当初の予定よりも完成が遅れたとする。そのため，予定どおり案件Aの工事が完了できていたならば，請負者がその後に案件Bの受注活動に割くはずだった人員を引き続き案件Aの遂行のために投入しなければならなくなり，その結果，請負者が案件Bを受注できなくなったとする。すると何が起こるであろうか。案件Bに配賦する予定であったunabsorbed head office overhead＝100万円分を，請負者は回収できないことになる。

　つまり，案件Aの納期遅延によって，別案件である案件Bに配賦されていたunabsorbed head office overhead分は，請負者の損失となる。

　また，通常，案件の契約金額の中には，建設のためのコストや本社経費の他に，利益が含まれている。よって，請負者が案件Bを受注できなくなることで，案件Bを受注することで得られたはずの利益を得られなくなる。それが逸失利

益（lost profit/loss of profit）である。

【仕事Xの遅れによってunabsorbed head office overheadと利益を失うまでの流れ】

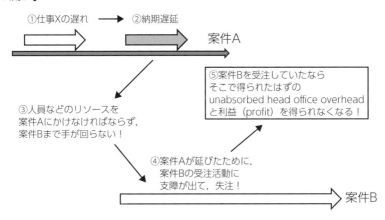

　以上をまとめると，納期が延びることで，以下のような費用が追加で生じることになる。

・建設サイトを構成するために必要となる費用（site establishment costs）

・ボンド保証料・保険料

・対価未払い分の利息（遅延利息）

・本社経費（unabsorbed head office cost）

・利益（profit）

　なお，これらはまとめて，time-related costと呼ばれている。訳すと，時間関連費用といったところだろうか。使用時間が長くなるほど増加していく費用という意味である。この費用は，●円（ドル・ユーロなど）／日という形で算定できるものであることが通常である。つまり，もしも納期が10日遅れるなら，この10倍，20日遅れるなら，20倍の費用が生じることになる。

　もちろん，この他にも，例えば，契約締結後に発注者が請負者に対し，工事で使う材料の一部の変更を求める場合（仕様変更）や，建設サイトの所在地国の法令が変更されることによって，設計から作業をやり直さなければならなくなり，さらには使用する材料も増えるという場合（法令変更）には，新しい材料を調達する費用や新たな作業員を雇う人件費なども生じる。ただ，そういった材料費や人件費といった直接費用（direct cost）は，納期の遅延に伴い生じるものではない（納期に遅延したから材料費や人件費が生じたというわけではない）。純粋に「納期に遅延したことが原因で生じる費用」というくくりで整理すると，上記5つが代表的なものとなる。ちなみに，このような「納期の遅延（prolongation）を原因として生じる追加費用」は，prolongation costと呼ばれることがある。

納期遅延によって請負者に生じる追加費用は，誰が負担するのか？

　次に，上記のような納期遅延を原因として請負者に生じる追加費用は，誰が負担することになるのか。

　納期遅延を原因として請負者に生じる追加費用は，原則として，請負者が負担することになるが，例外的に，納期遅延を引き起こした仕事Xの遅れの原因が，契約書に「この場合には，請負者は発注者に追加費用を請求できる」と定められている遅れにある場合には，請負者が適切に請求をすることで，請負者は発注者にこれらを負担するように求めることができることになる。

　これは，一見，納期遅延によって発注者が被る損害を誰が負担するのかとほぼ同じ結論であるように思えるかもしれない。しかし，同じではない。

　例えば，Force Majeureに該当する事象が原因で納期遅延が生じた場合には，通常，請負者は納期延長を発注者に請求できると契約書に定められている。しかし，Force Majeureの原因で生じた追加費用については，通常，請負者が負担することになる。契約書に，「Force Majeureで生じた追加費用は発注者が負担する」と定められていない限り，原則どおり請負者の自己負担となる。そして，そのようなForce Majeureで生じた追加費用を発注者の負担とする定め

はないのが一般的である。

　つまり，必ずしも請負者が納期延長を得られる場合＝請負者が追加費用を得られる場合ではない点に注意が必要である。

参考　～なぜ，unabsorbed head office overheadというのか？

　案件Aにおける仕事Xの遅れが納期遅延を引き起こした場合に，請負者が案件Bを受注できなくなることで，案件Bを受注できていたならば得られたはずの本社経費（ここでは，dedicated head office overheadではなく，unabsorbed head office overheadを指す）を得られなくなる，という点は理解いただけたと思う。では，なぜ，unabsorbedというのか。

　まず，この本社経費（案件に紐づけできていないもの）は，納期遅延が生じたからといって，請負者に追加で生じているわけではない。請負者の本社経費（本社オフィスの家賃や役員の報酬など）は，案件Bを受注できていようがいまいが，もともと生じているものである。もっといえば，請負者が案件Aを受注できていなくても，やっぱり生じていたものである。この本社経費を，請負者はいくつかの案件を受注することで，それらの案件で得られる契約金額から賄おうとしているのである。つまり，受注した案件の契約金額によって本社経費を吸収しよう（absorb）としている。しかし，案件Bを受注できなくなることで，吸収されないことになる（unabsorbed）。そのような性格を持つので，unabsorbed head office over headと呼ばれている。

72

【理解度確認問題】

　仕事Xが遅れて納期に遅れが生じる場合に，請負者に生じる追加費用および損害には①がある。

　上記の追加費用は，英語では［②］と呼ばれており，それらの負担は，次のようになる。

- 請負者が納期延長を得られない場合（納期遅延LDを発注者に支払わなければならない場合）→請負者に生じる追加費用は［③］が負担する。

- 請負者が納期延長を得られる場合→請負者に生じる追加費用は発注者が負担する旨が定められている場合にのみ，［④］の負担となる。

　本社経費は，大きく2つに分けられる。1つは，［⑤］head office overhead，もう1つは，［⑥］head office overheadである。特定の仕事と紐づけることができないのは，［⑦］である。

答え：①建設サイト設置費用（site establishment costs）・ボンド保証料／保険料（bond／insurance）・遅延利息（interest）・本社経費と逸失利益（loss of profit）／②prolongation cost／③請負者／④発注者／⑤dedicated／⑥unabsorbed／⑦unabsorbed head office overhead

コラム②～大きすぎる目標は，遂には組織を滅ぼす～

「7年以内に鉄鋼生産量で英国に追いつく！」

　第二次世界大戦後のある時期，アジアのある国の指導者は，世界に向けて高らかに宣言しました。これは，当時のその国と英国の鉄鋼生産力を比較すれば，無謀ともいえるものでした。このような大目標の達成を指示されたとき，真っ先に驚愕したのは，その指導者の部下たちです。「いきなり英国に並ぶ？　そんなことできるわけがないだろう。」。

　しかし，その指導者は絶大な権力をもっていました。もしも「できません」なんていえば，左遷では済まされず，もっとひどい罰が科される可能性もありました。そこで部下たちは，国民に対してとにかく鉄を精製するように命令し，定期的に進行状況をチェックしました。農民たちも，ノルマ未達成によって罰を科せられるのをおそれ，自宅の庭に自家製の釜を作り，既存の鉄製品を溶かすという愚かなことをしてまで，製鉄作業に勤しみました。

　そうしてできあがった鉄の中で実際に製品として使い物になりそうな鉄は，3分の1以下。また，ノルマを達成したことにするために，数字のでっち上げも行われました。

　このようなことで，真の意味で国力が上がるわけがありません。もちろん，農民たちも，こんなことに意味はないとわかってはいましたが，それでも罰を科されるのを避けるためにはしかたがなかったのです。こうして，その国の各家庭は，自家製の粗末な釜で鉄を精製するために大忙しで，その間，農民はまともに働くことができず，その後数年間，大飢饉が起こったといわれています。

　これは，「達成不可能な過大な目標を掲げ，かつ，それを果たせない場合に，恐怖を感じてしまうような制裁を部下や農民に科すことにしたこと」が原因です。

　このようなことは，国家レベルだけではなく，企業でも起こり得ます。目標を掲げることは，それが願望レベルであれば，特段問題は起こりません。しかし，その目標が現実離れしたもので，かつ，それを果たせない場合に，従業員に厳しい制裁（給料を下げる，ボーナスを大幅にカットするなど）を科すことにした場合，トップが思ってもみなかった方向に従業員達を駆り立てることになり得るのです。時にはノルマ達成に向けた不正を行うかもしれません。この点，不正に手を染めれば，今度は不正を行ったことによる制裁を受けることになる，だから，

本来，従業員は不正にまでは至らないはずだ，とも思えます。しかし，私が従業員の立場で厳しく追い込まれたなら，次のように考える可能性もあるように感じます。つまり，「目標を果たせないことが明らかになれば，そのことについて社内で制裁を受けることが確実になる一方，目標を果たせなかった点を不正によって巧みに隠ぺいできた場合には，制裁を科されることを回避できる可能性が生まれる。それなら，一生懸命，ばれないように，不正を行うほうがよい」と。

　あなたの組織では，実現不可能な目標が掲げられていませんか？　そして，それを果たせない場合に，厳しい制裁が科されることになっていないですか？

第3章

クレーム手続

　第2章では，請負者が納期延長と追加費用を発注者から得られるのはどのような条件を満たした場合かについて学んだ。しかし，それらの条件を満たしても，契約上の手続に従った請求をしない限り，請負者は納期延長と追加費用を得る権利を失う。ここでは，その手続について学ぶ。

　ここまで，納期に遅れが生じた場合の処理として，以下のようになることを学んできた。

原則：発注者が被る損害を補填するために，請負者が発注者に納期遅延LDを支払う責任を負い，また，納期が遅れることで請負者に生じる追加費用や損失は請負者が自己負担することになる。

例外：納期遅延を引き起こした仕事Xの遅れの原因が，契約書に「この場合には，請負者は発注者に納期延長を請求できる」と定められている事象に当たる場合には，<u>請負者が適切に請求をすることで</u>，請負者は発注者から納期延長を得ることができ，さらに，「発注者が追加費用を負担する」旨が定められている事象に納期遅延の原因がある場合には，請負者が被る追加費用を発注者から得ることができる。

　ここで重要となるのが，下線部分の「請負者が適切に請求をすることで」という点である。つまり，請負者が適切に請求をしなければ，原則どおりの扱いとなり，請負者は多大な損害を被る結果となる。以下では，何をすれば，「適切に請求」をしたことになるのかについて見ていこう。

通知期限と請求期限

　通常，建設契約書には，「本契約に，請負者が納期延長を発注者に請求できる場合として定められている事象（例えばForce Majeureなど）が発生し，請負者が確かに納期に遅れが生じると考えたら，請負者は○日内に，発注者に対してその旨を書面で通知しなければならない」と定められているのが通常である。例えば，「Force Majeure（不可抗力事由）が生じたと請負者が知り得べきときから21日以内に，請負者は発注者にその旨を通知しなければならない」といった定めである。

　さらに，その後に，次のような文言が加えられているのが通常である。

　「もしも契約に定められている期間内（上記の例では21日以内）に通知しな

い場合には，請負者は納期延長を請求する権利を失う。」

　つまり，納期延長される原因として契約に定められている事象が発生した場合には，請負者が発注者に対して，契約に定められている期間内に通知しないと，請負者は納期延長をしてもらえなくなり，その結果，最初に合意した納期までに完成できなければ，請負者は納期に遅れたことになるのである。その場合，請負者は発注者に対して納期遅延LDを支払わなければならなくなる。

　ここで，請負者が発注者に対して通知する内容は，とりあえずは，「仕事Ｘが契約の第○条に定められている事象が原因で遅れることになり，それによって納期や費用に影響が出る」という程度のものであることが通常である。つまり，具体的に何日納期を延長してほしいとか，いくらの追加費用を負担してほしいというような請求についてまで記載することは求められないのが通常である。というのも，事象発生直後に，何日遅れそうなのか，そしていくらの追加費用が生じそうなのかは，なかなかわかり得ないからである。そのため，通常の契約書における納期延長日数や追加費用金額の請求は，事象発生の通知を発注者に提出するための期間よりも長い期間内に発注者に提出する旨が定められている。例えば，以下のようなものである。

　請負者は，事象発生後21日以内に，事象の発生を発注者に書面で通知しなければならない。
　請負者は，事象発生後42日以内に，納期延長日数と追加費用金額を発注者に請求しなければならない。

　そして，後者の期間内に，納期延長日数や追加費用金額を確定できない場合には，その旨を発注者に書面で通知し，あくまで暫定としての納期延長日数や追加費用金額を請求し，その後は1か月おきにアップデートする，といった定めになっていることもよくある。

　これはとても実務的な仕組みといえる。というのも，納期延長日数は，遅れの原因となっている事象が継続している間は，なかなか確定しないので，契約締結前に合意した期間内（上記の例では42日以内）に必ずしも確定した数字を

発注者に提出できるとは限らないからである。請負者としては，上記のような暫定値を提出し，その後アップデートしていくことが許容される仕組みになっているか契約締結前によく確認するように注意しよう。その上で，確定した日数や金額を提示できない場合には，「これは暫定的なものであり，以後は，契約書の第〇条に従って，アップデートしていく」などの文言を発注者に提出する書面の通知に明記するようにしよう。そうしないと，請負者は暫定値だと考えているのに，発注者は確定値だと考えているという離齬が生じ，後日の争いの原因となる。そして，その争いは，やはり「契約条件に従っていたのか否か」という観点から検討され，もしも契約書に「暫定値の場合には，その旨が明記されなければならない」との定めがあれば，それに従わなかった請負者が敗れる，つまり，請負者が暫定値として提出したものが確定値として扱われるという結果となる可能性が高い。

【クレーム一般の手続】

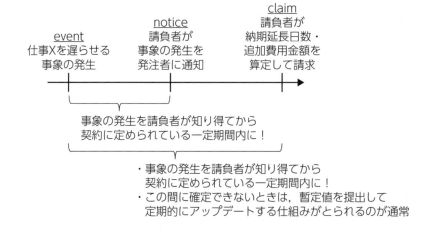

以上から，仕事Xに遅れが生じ，それによって納期遅延が生じる場合に請負者が発注者から納期延長を得るためには，①契約締結段階と②不可抗力（Force Majeure）などの納期が延長される原因となる事象発生段階のそれぞれにおいて，次の点に気を配る必要がある。

> ➤ 契約締結時：納期延長を発注者に請求できる場合が契約書に「明記されているか」をチェック
>
> ➤ 仕事Xの遅延発生時：契約に定められている「期間内に」発注者に通知する

契約締結時は，営業や法務はもちろん，プロジェクトマネージャーも契約書を読み込み，納期延長を発注者に請求できる場合が漏れなく明記されているか確認するべきである。一方，仕事Xに遅れが発生した時は，通常，建設サイトには営業も法務もいないであろうから，主にプロジェクトマネージャーが現場で対応しなければならないことになる。

口頭でのクレーム

ここで1つ問題を考えてみよう。契約書に，「納期に遅延を引き起こす事象が発生した場合，請負者はその事象を知り得てから○日以内に発注者に対して書面で通知をしなければならない」と定められていたとする。それなのに，請負者が発注者に口頭で通知をしたにすぎない場合，請負者の納期延長を得る権利はどうなるのか。

もしかすると，「納期が遅れる事象が生じたことを発注者が実際に知るに至ったか否かが重要なので，書面でなくとも，口頭で許される」と考えた人もいるかもしれない。しかし，それは誤りである。契約書に「書面で」と記載されているならば，「必ず書面で」しなければならない。口頭でした上で，書面で重ねて請求するのはもちろん問題ないが，口頭だけでは，契約書に定められている条件を満たしたことにはならない。契約書の条件を満たしていない以上，請負者は，納期延長を請求する権利を失うことになる。契約書に定められている手続に忠実に従って行うように心がけよう。

議事録の回覧

ちなみに，納期に遅れを生じさせる事象が発生したことを，発注者同席の会

議体で知らせた際の議事録があり，それを発注者の担当者を含めた参加者に後で回覧したとしても，それは書面で「通知」をしたことにはならない可能性もあるので，注意しよう。手間を省かずに，「契約書に従うこと」をとにかく心がけよう。

納期延長と追加費用の請求

なお，請負者が発注者から納期延長を得られる場合には，Force Majeureの場合を除いて，通常，納期遅延によって請負者に生じる追加費用を発注者が負担することになる旨が契約書に定められていることが多い。しかし，実際に追加費用を発注者に負担してもらうためには，請負者が納期延長の請求をしただけでは足りない。あくまで，納期延長と追加費用は別物であるので，「追加費用の請求も別に」しなければならない。ここでいう別に行うというのは，別の書面でしなければならないというわけではない。1つの書面でもよいが，ただ，納期延長の請求をすれば，自動的に追加費用も得られるようになるというわけではない，という意味である。

また，追加費用の請求の前提となるのが，納期延長の請求であるという点も押さえてほしい。なぜなら，追加費用は，1日当たりの遅れで生じる費用×「遅れた日数」で算出されるのが通常であり，この「遅れた日数」は，請負者が得られる納期延長と密接に関係するものだからである。つまり，納期延長の請求が根拠なしと判断される場合には，必然的に追加費用の請求も否定されることになる。

何をどのように示す必要があるか？

ここまでで，仕事Xが，納期延長を得られる事象による原因で遅れ，それによって納期に遅れる場合でも，請負者は発注者に「適切に通知と請求」をしなければならないこと，具体的には，契約に定められている「期間内に」発注者に事象発生について「書面の通知」を提出した上で，その後納期延長と追加費用の「請求」をしなければならない点は理解していただけたことと思う。

　ただ，これは，「適切な通知と請求」とは何かということの半分である。つまり，手続的な話である。いくら手続が適切でも，「請求の中身」が正しくなくては，請負者の主張はとうてい認められない。請求の中身の正しさとは，「納期延長日数を○日請求しているが，この○日は妥当なのか」と「追加費用を○円請求しているが，この○円は正しいのか」という問題である。つまり，立証（establishment/substantiation/proof）の話である。そこで，第4章では，「適切な請求」といい得るためのもう半分に当たる納期延長日数と追加費用金額の立証について解説する。まずは，そもそも，請負者に求められている「立証」の程度について見ていこう（第4章第1節）。

> 参考　～発注者による契約違反によって納期遅延が生じる場合でも，請負者は，契約に定められている期間内に発注者に対して遅延の原因となる事象が発生した事実の通知や納期遅延・追加費用の請求をしないと，それらを得る権利を失うのか？　～
>
> 　なぜこの点が問題になるのかというと，発注者が契約違反したことで納期遅延が生じた場合には，とにもかくにも，まずは発注者が一番責任を問われるべき立場にあるといえるのに，請負者がその後契約に従った手続を経なかったというだけで，納期延長や追加費用を請求する権利を失うというのは不公平ではないか，とも思えるからである。
>
> 　この点については，海外でも争いになっているが，通常は，請負者は，契約上の手続に従わない場合には，契約に定められているとおり，納期延長や追加費用を請求する権利を失うと判断されることが多いようである。その理由は，発注者が契約に違反したことで，請負者には，納期延長と追加費用を請求する権利がいったんは生じており，後はそれを契約に定められている手続に従って行使すればよいだけなのに，それをあえて怠ったわけだから，その結果を契約に定められているとおりとすることは，何ら不公平ではない，といったもののようである。
>
> 　ただ，ここで1つ押さえておきたい点がある。それは，発注者の契約違反によって請負者が被る追加費用を発注者に対して請求する権利は，「契約の定め」に基づく権利であると同時に，「法律に」基づく権利でもあるという点である。
>
> 　（この点は，法律を学ばれていない方に向けて少し補足が必要だと思うので，

以下に補足したい)

　法令変更やサイトの土地の状況が想定と異なることで仕事Ｘが遅れ，その結果納期に遅れが生じる場合に，請負者が発注者に対して納期延長や追加費用を請求できるのは，法律にそのように定められているからではなく，建設契約に定められているからである。つまり，納期延長と追加費用を発注者に請求できる根拠は，契約にあるといえる。

　一方，発注者の契約違反によって仕事Ｘが遅れ，その結果納期に遅れが生じる場合についても，請負者が発注者に対して納期延長や追加費用の請求をすることができる旨が契約に定められているのが通常である。よって，この場合も，契約に根拠があるといえる。ただ，契約違反の場合には，違反した当事者が相手方が被る損害を賠償しなければならないというのは，どこの国の法律にも定められているのが通常である。もちろん，日本の法律でもそうである。よって，法令変更やサイトの土地の状況が想定と異なる場合と異なり，発注者の契約違反が納期遅延を引き起こした結果として請負者が被る追加費用の請求の根拠としては，請負者は，契約上と法律上２つに頼ることができる，ということになる。

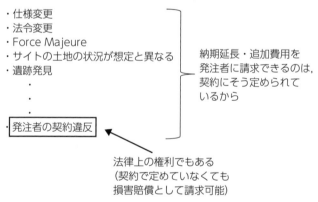

　ここで，契約に定められている納期延長や追加費用の請求のための手続は，この契約上の権利に基づく請求の話であって，法律に基づく請求ではない。

　よって，請負者が，契約に定められている期間内に納期延長や追加費用の請求を怠ってしまった場合でも，失うのはこの契約上の請求をする権利のみであり，法律上の権利は失わない，という判断が海外でなされたことがある。この点は，請負者に有利といえる。

　ただ，再度注意が必要になるのは，契約書に，「請負者は，本契約に基づくもの以外，発注者に対して追加費用を請求できない」といった文言，つまり，法律に基づく請求をなし得ない旨が契約に定められている場合には，請負者は追加費用について，損害賠償として法律に基づき請求することはできないことになるという判断もまた海外では下されている。

　したがって，多少複雑な話になったが，以上を整理すると以下のようになる。

➢ 発注者の契約違反で納期に遅れる場合でも，請負者は発注者に対して，契約に定められている期間内に，納期遅延の原因となる事象の発生を「書面で通知」し，さらに，納期延長・追加費用を「請求」しなければならず，それを怠ると，納期延長・追加費用を得る権利を失う。

➢ ただ，発注者の契約違反によって請負者が被る追加費用については，それを発注者に対して請求できる「根拠が契約上と法律上の2つある」ので，仮に請負者が契約に定められている期間内に請求するのを怠った場合でも，法律上の根拠に基づいて請求することを契約で否定されていない限り，請負者は法律上の根拠に基づいて請求できる。

　結局は，請負者は，契約に定められている手続に従って納期延長・追加費用を請求するように心がけるのが無難である，ということになる。

【理解度確認問題】

　請負者が納期延長・追加費用を発注者から得るためには，契約に定められている手続に従って，納期に遅れを生じさせる事象が発生したことの［①］と納期延長日数と追加費用金額を［②］しなければならない。これを怠ると，納期延長も追加費用も得られなくなり得る。

　書面による通知が必要と契約に定められているのに，［③］で行っただけの場合には，上記の権利を失う可能性が高い。

　納期延長の通知と請求をしただけでは，［④］についての契約上の手続を遵守したことにはならない。

答え：①通知／②請求（いわゆるクレーム）／③口頭／④追加費用

コラム③～権利の上に眠る者～

　制度とは，あるものに対する「疑い」と「信頼」に基づいて作られます。例えば，かつては多くの国で世襲制による君主制が一般的でした。しかし，血統により統治者の地位に就く者は，一般民衆の利益をないがしろにするのではないか，という「疑い」がもたれるようになりました。その結果，血統を無視し，みんなで統治者を選ぼうということになったのです。民主主義の誕生です。民主主義は，「一般民衆は，概ね正しい判断ができ，多数決をとった場合には，そこそこ妥当な結果となるだろう」という「信頼」に基づいています。この信頼の基礎は，一般民衆が常に賢くなるように努力する，という期待です。だから，この期待が裏切られ，一般民衆がおかしな判断しかできなくなった場合には，民主主義は維持すべきではない，ということになります。実際，古代ギリシャでは，一度民主主義が採用されましたが，扇動政治家に民衆が操られるようになり，いわゆる衆愚政治に陥るや，やはり民主主義はよろしくないとなり，廃れてしまいました。

　民主主義という制度はたしかに素晴らしいもののように思えますが，それが十分に機能するには，国を正しい方向に進ませるにはどうすべきかを国民が学び続けることが必要です。それも一時的ではなく，永続的な努力が求められます。

　日本の多くの会社組織は，年功序列をとっていました。これは，昭和の初め頃から，それまでの能力主義の代わりに採用されるようになった制度です。年を重ねるごとに従業員は経験を積むことで能力が向上すると「信頼」して作られた制度であったことでしょう。しかし，最近はこの信頼が崩れました。必ずしも，年配の人が努力を続けるわけではないので，能力に見合わない高い給料を求める年配よりも，能力ある若手を確保したいと考えられるようになったのです。

　このように，制度は，「一度作ればその後は不変」とはいきません。制度の根拠への信頼が揺らいだときは，制度そのものをガラリと変えなくてはなりません。変化をいとわない組織は，次々と変えていき，強くなっていきます。

　民法を学ばれたことがある方はご存知だと思いますが，民法には「時効」というものがあります。これは，誰かに対して何らかの権利を獲得しても，長時間その権利を行使しない場合には，その権利は消滅して使えなくなる，というものです。なぜ権利を持っている者から奪う必要があるのかと不思議に感じますが，この裏には，「権利の上に眠る者は保護すべきでない」という思想があるといわれ

ています。

　そうです。権利の上に眠る者は保護するに値しないのです。慣習上のものも含めて，制度は時々，ある集団に何らかの特権や恩恵を与えてくれますが，その上に安住し，特権を保持するのに値する努力を怠っていると，ある日，突然，その地位は容赦なく奪われるかもしれません。私たちが，今，当たり前のように享受している特権は，どのような制度の下で，そしていかなる信頼によって与えられているのでしょうか。

第4章

立　証

　請負者が得たいと考える納期延長と追加費用は，発注者から与えられるものである。よって，請負者は，発注者に自分たちの請求を認めてもらう必要がある。しかし，基本的に発注者は，この請求を認めると自分たちが負担する費用が増えるので，できるだけ認めたくないと考えるのが通常である。そして，発注者が認めない場合には，裁判や仲裁などの紛争解決方法に進むことになる。よって，請負者としては，発注者や裁判官・仲裁人らが「請負者の請求が正しい」と認めざるを得ないようにもっていく必要がある。これが，この章で扱う「立証」である。具体的には，必要な立証の程度，Delay Analysis，そしてGlobal Claimといった事項について学ぶ。

第**1**節

必要な立証の程度
～balance of probabilities～

　「立証」とは何か。それは，「ある事実の有無を証明する」という意味である。ここで問題となるのは，請負者は「どの程度の立証」をする必要があるのか，という点である。

　刑事事件では，立証に関して，とても厳しい基準が採用されている。それは，beyond a reasonable doubtと呼ばれるものである。例えば，今，ある事実の有無が問題になっていたとする。ここで，検察官はその事実が「ある」と主張し，被告人の弁護士は「ない」と主張した。この立証のために，検察官がいくつかの証拠を示した。弁護士はもちろんそれらに反論を加えた。それを見ていた裁判官は思った。

　「この事実は，どちらかといえば，ありそうだな」と。

　具体的には，「ある」か「ない」のどちらに感じるか？　といわれれば，ありそうだと感じた。なさそうだと感じるよりも，強くありそうだと感じた，という状態に裁判官は至った。では，この事実は，「あった」と認定されるのか。

　答えは，まだこの状態では，「あった」と認定されない可能性がある。

　刑事事件で被告人に罪が認められると，それは被告人の人生に大きなダメージを与える。このダメージは，そう簡単には回復できない。そのため，事実の認定は慎重になされる。「どちらかといえば，ありそう」という程度では，まだ足りない。

　つまり，ありそうか，なさそうかといわれれば「ありそう」ではあるが，まだ「あった」というには疑いが残る，という段階では足りず，そのような疑いをさしはさむ余地がないほどに感じられた場合に，「あった」と認定される。

このような基準を，beyond a reasonable doubtと呼ぶ。直訳すれば，「合理的な疑いを超えて」といったものだが，要は，「その事実はなかったのではないかと疑おうと思えば疑える」という状態を克服するほどに「その事実があったのだ」と思える場合にだけ，「その事実はあった」と認定されるという意味である。刑事事件を扱うドラマなどで「疑わしきは被告人の利益に」という言葉を聞いたことがあると思うが，これはまさに，被告人を追及する検察官の立証責任が上記のようなものであることを言い表している。そしてまた，このような厳格な立証のルールは，「たとえ10人の犯罪者を見逃すことになろうとも，1人の冤罪も出してはならない」という，やはり刑事事件のドラマでよく出てくる言葉を実現させるためのものなのである。

　建設案件における納期延長や追加費用の請求は，もちろん，刑事事件ではない。民事事件である。では，民事事件では立証の程度についてどのように考えられているかというと，上で見た刑事事件の場合ほど厳格なものは求められていない。

　「ありそうか，なさそうかといわれれば，ありそうだ」

　こう感じられたら，民事では，その事実は「あった」ものと判断される。これを，balance of probabilitiesと呼ぶ。このbalanceは，「均衡」という意味である。つまり，「ありそう・なさそうの均衡が崩れて，ありそうに傾いたら，事実があったと認定してよい」という基準である。そうすると，民事事件の場合には，「なさそう」よりも強く「ありそう」と思わせればよいだけなら，立証は簡単そうだと感じるかもしれない。しかし，このbalance of probabilitiesという基準は，少なくとも，「何らの証拠がなくても，容易に事実の存在を認めてもらえる」というものではない。

　例えば，何か損害賠償を相手方に請求する際に，損害額を100万円と認めてもらいたいと思えば，実際に100万円の支払を治療費なり，修理費なりとしてすでに支払った，または今後支払うことが決まっている，という「証拠」が必要である。

　「とにかく100万円生じたんだ」と主張しても，それだけでは認められない。自分は立派な企業に勤めていて，嘘なんていうわけない。これまでも誠実に生きてきて，過去に何ら罪に問われたこともない。だから，100万円の損害が生

じたという主張も，「何となく信じられそうでしょ？　100万円生じたか，それとも生じていないか。どちらかといえば，生じたように思えるでしょ？」というのは通用しない。この場合は，完全に「なさそう」が「ありそう」を上回る。

　これと同様に，納期延長や追加費用の請求でも，延長すべき日数と追加費用金額は，balance of probabilitiesの下で判断される。この場合，何らの証拠もなく，「ありそうだ」と裁判官や仲裁人に感じてもらうことはまずできない。

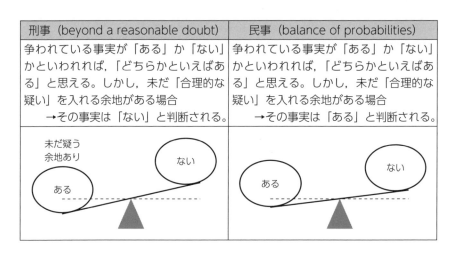

刑事（beyond a reasonable doubt）	民事（balance of probabilities）
争われている事実が「ある」か「ない」かといわれれば，「どちらかといえばある」と思える。しかし，未だ「合理的な疑い」を入れる余地がある場合　→その事実は「ない」と判断される。	争われている事実が「ある」か「ない」かといわれれば，「どちらかといえばある」と思える。しかし，未だ「合理的な疑い」を入れる余地がある場合　→その事実は「ある」と判断される。

この点，次のように考えた人もいるかもしれない。

「balance of probabilitiesが適用されるのは，あくまで，民事訴訟で争った場合でしょう？　つまり，裁判や仲裁まで進んだ場合でしょう？　普通，そんなところまで争わず，契約当事者間で妥協し合うのだから，請負者はbalance of probabilitiesを意識して証拠を準備する必要はないのでは。」

これには一理ある。たしかに，裁判や仲裁等で争うのは多大な時間と労力がかかるので，発注者もできるだけ避けたいと考える。実際，ほとんどの紛争は契約当事者間の妥協で終わる。つまり，和解である。しかし，「裁判や仲裁までいけば余裕で勝てる」と発注者が考えるほどにお粗末な立証しか請負者ができなさそうな場合には，発注者が妥協してくる可能性は極めて低いであろう。

　発注者が妥協する可能性があるのは,「裁判・仲裁に進んだら, 負けるかも」とか, 最低でも,「負けるとはいい切れないが, どういう結果が出るか読めない」と発注者に思わせることができたときである。つまり, 請負者は, balance of probabilitiesを意識して「裁判や仲裁でも十分耐えられます」というレベルの証拠を準備するべきなのである。そこまでですることで, 発注者の妥協を引き出す結果となる。

　次節からは, 納期延長および追加費用について, どのような点に注意して立証していく必要があるのかを解説する。

第**2**節

Delay Analysisの手法
（納期延長日数を算出する方法）

【仕事Xに遅れが生じた場合のフロー】

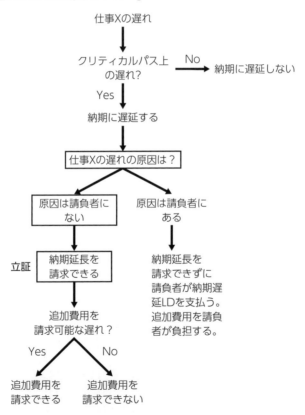

　ここからは，Delay Analysisの手法について解説する。Delay Analysisとは，訳せば，「遅延分析」とでもなるであろう。つまり，どれだけ納期に遅れるのか，その遅れの原因は何だったのかを検討することである。これは，請負者が発注者に対して納期延長を請求するために必要となる。というのも，納期を延長してもらうためには，契約書に定められている納期延長が認められる事象によって，何日間納期に遅れるのかを発注者に示さなければならないからである。

　ここで，最初にお伝えしておきたいのは，Delay Analysisの手法として，「必ず，このやり方でやらなければならない」という決まったものはない，ということである。おそらく，このことは，とても意外に感じられる人もいると思う。しかし，これは事実である。いくつも（おそらく，10個以上）の手法があり，それぞれに長所と短所がある。手元に揃っている情報によっては，やりたくてもできない手法もある。また，異様に手間がかかる手法もあり，そんなもの，現実にはまず無理だろう，と感じられるものもある。よって，どの手法を採用するかは，ケースバイケースとなる。そして，通常，契約書中に，「Delay Analysisのやり方はこうしなければならない」と定められていることはほとんどない。つまり，実際に工事が開始し，仕事Xに遅れが生じ，それが納期を遅らせるかもしれないとなったときにはじめて，「Delay Analysisをどのように行うか」という問題が出ることが通常といってよいくらいである。その結果，請負者としてはこのやり方でよいと考えていたが，発注者がそれでは不十分だと指摘することも当たり前のように起こる。

　「そんなんでよいのか？」と思ってしまうような状況であるが，これが事実である。しかし，それでも，外してはいけない肝，つまり，「基本となる考え方」がある。全くのデタラメでは，発注者も，裁判所も，仲裁人も，請負者に納期延長を認めるわけがない。そこで，ここでは，「Delay Analysisに決まったやり方はない」という点を理解した上で，以下の5つの手法を学ぶことで，Delay Analysisの「基本となる考え方」を身につけていただければと思う。

> ➢ Impacted As-Planned Analysis
> ➢ Time Impact Analysis
> ➢ Windows Analysis
> ➢ But for Analysis (Collapsed As-Built Analysis)
> ➢ As-Planned vs As-Built Analysis

　では，まず，このDelay Analysisは，「いつ」実施されるべきものなのかという点から見ていきたい。多くの人が考えるのが，次のようなものではないだろうか。

　「工事が終了した時だろう。というのも，工事が実際に完了しなくては，納期が何日当初の計画よりも後ろにズレたのかが確定しないのだから」

　もちろん，これも間違いとはいえない。しかし，こうすると，ある問題が生じる。それは，請負者が「最終的には納期を延長してもらえるのだろう」と考えて工事を進めたのに，工事完了時点で「延長は認められない」との判断が下ると，請負者は予想外に納期遅延LDを課されることになる，というものである。もっと前から，つまり，工事の途中の段階で，「延長は認められません」といわれていれば，工事をもっと早く終わらせるように人員などのリソースを投入して挽回するチャンスがあったのに，「延長してもらえる」と思っていたがために，そのような挽回のために工夫することができずに終わる，ということが起こりかねない。そのため，英国プロトコル（次頁「参考」参照）は，工事が完了してから初めてDelay Analysisが行われるということは適切ではないと述べている。

> **参考　〜英国プロトコルとは〜**
>
> 　英国には，建設契約における納期延長と追加費用の請求に関して問題となり得る事項についての指針がある。この指針は，英国における建設契約の専門家らによって作られたもので，「Society of Construction Law Delay and Disruption Protocol 2nd edition February 2017」という。本書では，これを「英国プロトコル」と呼ぶこととする。この英国プロトコルは，法律ではないので，英国プロトコルに記載されてあることがそのまま裁判や仲裁で適用されるわけではない。1つの考え方として推奨されているもの，と捉えていただければと思う。

　では，いつがよいとされているのか。それは，「遅れを引き起こす事象が生じた時」である。そもそも，契約書では，「納期延長が認められる事象が生じてから○日以内に，請負者は発注者に対して納期延長・追加費用を請求しなければならない。それを怠れば，請負者はそれらを請求する権利を失う」と定めているものが多いということはこれまで何度か説明したが，これを貫けば，納期延長・追加費用を請求するために必要なDelay Analysisも，やはり，納期延長が認められる事象が生じた後，速やかに行うことが必要かつ望ましい，ということになる。しかし，この場合，次のように思う人もいるだろう。

　「遅れを生じさせる事象が発生した時にDelay Analysisを行っても，実際に納期がどれだけ遅れるのかは，工事が終わってみないとわからないじゃないか。仮にDelay Analysisをしてみても，その結果は，単なる予想にすぎないではないか。」

　これに対する答えは，「そのとおりです」というものである。そして，「予想でよいのです」となる。つまり，例えばForce Majeureが発生し，ここでDelay Analysisを行い，納期が例えば10日遅れる，と予想されたなら，その時点で請負者は10日間の納期延長を与えられることになる。その結果，実際に納期に10日影響が出たのかどうかは，問題ではない。予想でよいのである。最終

的には5日間しか影響が出なかったという場合でも，納期延長は10日間与えられる。工事が完了してからではなく，工事の途中でDelay Analysisを行う以上，結果との乖離は避けられないからである。

　さらに，「全工程をいくつかに分割し，その分割された期間ごとにDelay Analysisを行う」という手法もある。これは，遅れを生じさせる事象が発生するたびにDelay Analysisを行うのでは，手間がかかるので，ある一定期間（例えば毎月など）が終了したら，その期間内に発生した「遅れを生じさせる事象」を特定し，それが何の原因で生じたのかを検討する手法である。

　Delay Analysisを実施する時期について，下の図で確認しておこう。

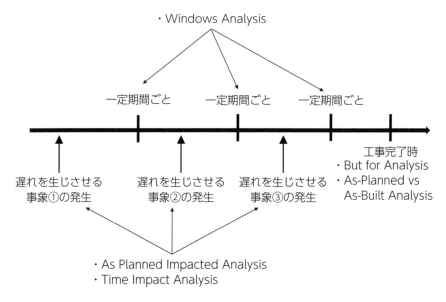

以降では，各Delay Analysisの手法について，詳しく見ていく。

Delay Analysisの手法その①：Impacted As-Planned Analysis

　まず，Impacted As-Planned Analysisについて解説する。この手法は，いくつものDelay Analysisの手法の基本となるもので，この手法とその問題点を

しっかりと理解すれば，これ以外の様々なDelay Analysisの手法も理解しやすくなるので99頁のスケジュール表①〜③と照らし合わせながら以下読み進めてほしい。まず，この手法を行うために必要となるのは，as-planned schedule/program（表①）である。scheduleまたはprogramとは，建設物を完成させるために必要な①仕事の内容，②期間，そして③行う順番等を記載したスケジュールのことである。以下では，scheduleで統一して表記する。そして，as-planned scheduleとは，そのオリジナルの工程表で，これは通常，契約締結時に作成され，請負者から発注者に提出される。そして，このas-planned scheduleを目安に，請負者は工事を進めていく。このas-planned scheduleには，契約当事者間で合意した納期も記載されている。この納期に間に合うように，様々な作業をいつ，どのくらいの期間をかけて行わなければならないのかについて，スケジュールが組まれている。そしてここには，クリティカルパスも記載されている。つまり，どの仕事に遅れが生じたら，納期に影響が出るのかが見てわかるようになっている。

このas-planned scheduleを目安に請負者が仕事を開始し，すべてが順調にいけば，おそらく，そこに記載されているスケジュールどおりに仕事が遂行され，予定の納期までに工事が完了する。しかし実際には，途中で工事に遅れが生じることが多々ある。例えば，仕事開始後1か月を経過した時点で，Force Majeureが発生し，クリティカルパス上の工程の仕事Bが5日間延びることになったとする（表②）。このとき，請負者がしなければならないのが，発注者へのForce Majeure発生の「通知」と納期延長の「請求」である。このとき，請負者はas-planned scheduleに仕事Bが5日間遅れることを入れ込む。

as-planned scheduleには，様々な仕事のスケジュールが記載されていると述べたが，その中の仕事Bについて，予定よりも5日間延びるというように変更を加える。すると，その影響は仕事Bの次に行う仕事にも生じる。つまり，仕事Bが終わらなければできない仕事C，仕事D，……というように，それぞれの仕事の始期と終期に影響が出る。このように，仕事Bに生じた影響をas-planned scheduleに入れ込むと，どうなるか。

仕事B以降に予定されている仕事が次々と後ろにズレていき，最後は納期を後ろにずらす結果となる（表③）。なぜなら，仕事Bはクリティカルパス上に

あるからである。そのようにして作られた新しい工程表を，as-planned impacted scheduleと呼ぶ。つまり，オリジナルのスケジュール（as-planned schedule）に遅れの影響（インパクト）を加えられた（impacted）スケジュールである。

　そこで，このas-planned schedule（表①）とas-planned impacted schedule（表③）のそれぞれの工事完了時期を比べる。すると，as-planned impacted scheduleに記載されている工事完了時期のほうが，時間的に後になっているのがわかる。このas-planned scheduleとas-planned impacted scheduleの工事完了時期の差分が，仕事BがForce Majeureによって遅れたことで請負者に与えられることになる納期延長日数となる。これが，Impacted As-Planned Analysisと呼ばれるDelay Analysisの手法である。

【表①：As-Planned Schedule】

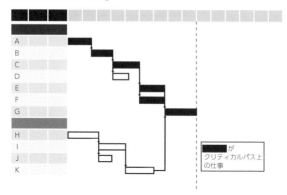

【表②：As-Planned Schedule】

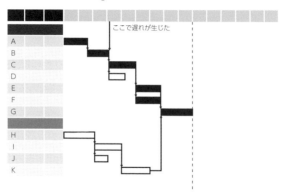

【表③：As-Planned Impacted Schedule】

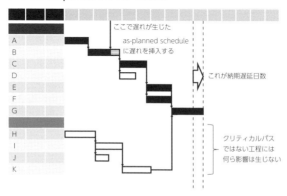

以上をまとめると以下の図のようになる。

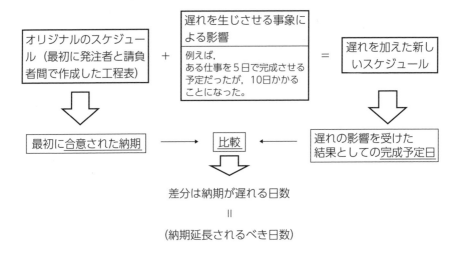

簡単にいえば，「オリジナルのスケジュールに，遅れた仕事の分を入れ込み，新しいスケジュールを作り，完成予定日の差を見る」ということになる。いかがであろうか。「理にかなっている」と感じられたであろうか。この手法は，実務ではわりと用いられているようだが，「簡単だが，合理的とはいえない」，「この手法で算定した納期延長日数では，請負者はその証明責任を果たしたことにはならない」との批判も多い。一体どこに問題があるのか。それは，使うスケジュールが，as-planned scheduleである，という点である。どういうことか。

上に示した，「仕事を開始して1か月後にForce Majeureが生じる」という場合でもう一度考えてみよう。仕事Bに生じる5日間の遅れを，契約締結時に契約書に添付されたas-planned scheduleに入れ込んだのである。ここで，果たして本当に，仕事開始後1か月を経過したときの仕事の進捗は，as-planned scheduleのようになっているのだろうか。例えば，請負者はそれまでの仕事ですでに請負者自身の原因で遅れていたかもしれない。それにより仕事Bは，仕事開始後1か月経過時点では，実はクリティカルパス上に存在しないようになっているかもしれない。すると，仕事Bに5日間の遅れが生じたとしても，納期には何ら影響が出ないようになっているかもしれない。つまり，as-planned scheduleは，契約締結時から数日以内はまさにそこにあるスケジュールどおりに進んでいたものの，Force Majeure発生時には，すでに「現実を反映したスケジュール」ではなくなっている可能性がある。それにもかかわらず，仕事Bの遅れを，そのような現実を反映していないスケジュールに入れ込んだところで，出てくるもの，つまりas-planned impacted scheduleも，やはり，現実を反映したものとは呼べないであろう。「正しくないもの」にいくら「正しいもの」を加えても，出てくる結果は「正しくないもの」となるからである。

　特に，このImpacted As-Planned Analysisは，納期延長を請求する請負者が自分で「この場合は納期延長できる」と考えた場合に行うものなので，納期延長を得られる見込みがない請負者自身に原因がある遅れが生じた場合には，通常なされない。つまり，仕事Bの遅れの後に，様々な事象，例えば，発注者の契約違反，仕様変更，そして法令変更などが生じた場合に，これらを次々と仕事Bの遅れを入れ込んだas-planned impacted scheduleに加えていくことになるが，一方で，納期延長が得られる見込みのある遅れ以外はスケジュールに入れ込まれない可能性が高いともいえる。すると，どんどん現実を反映していないスケジュールが塗り替えられていく。そうして出てきた工事完了予定日とは，果たして一体何なのか。それを基準にして納期延長日数を決めてよいのか。それで正しいのか。これが，Impacted As-Planned Analysisの問題点である。簡単にいえば，「現実の工事の進捗状況を無視している」ということになる。そして，その影響を受けるのは，主に発注者のほうである。Impacted As-Planned Analysisを用いると，本来与えられるべき納期延長日数よりも，多めの日数を請負者に与える結果になる可能性が出てくる。つまり，不利益を被るのは発注者のほうといえる。具体的には，本来であれば得られたはずの納期遅延LDを得られなくなり，また，多めに算定された納期延長日数に基づいて，請負者は追加費用を請求してくる。この追加費用は，納期延長日数が多ければ多いほど，金額も多くなる。これは発注者にとっては大きな不利益と感じられるであろう。

　上記の理由から，発注者は，請負者に対して，Impacted As-Planned Analysisでは正しく納期延長日数を算出したことにはならない，と主張するのである。では，どうすればよいのか。

　問題点は，何か工程に遅れを生じさせる事象が生じた場合に，それまでの仕

事の進捗を正しく反映した工程表が作成されていないことにある。この問題点を解決するために考え出された手法がある。それが，Time Impact Analysisと呼ばれる手法である。以下では，この手法について見ていく。

Delay Analysisの手法その②：Time Impact Analysis

Time Impact Analysisも，始まりはオリジナルのスケジュール，つまり，as-planned scheduleである（表④）。しかし，遅れを生じさせる事象が発生したら，その直前までの現実の進捗状況を反映したものにas-planned scheduleをアップデート（更新）する。その上で，遅れを生じさせる事象の影響を入れ込んでいく。

例えば，仕事開始1か月後に遅れを生じさせる事象として，Force Majeureが生じたとする。これが仕事Bに影響を及ぼし，本来であれば，5日でできる仕事を10日かかるように遅らせたとする。このときのDelay Analysisは，まず，as-planned scheduleを仕事開始1か月後までの現実の進捗状況を表すように修正・更新する。例えば，予定よりも仕事が早く済んでいる，または，請負者の原因で遅れが生じているなどの工程に影響が出る要素を入れ込み，最新の状況を表すようなスケジュールを作成する（表⑤）。そして，表⑤の仕事開始後1か月より後の部分には，表④のas-planned scheduleの1か月目以降の部分を加える。こうしてできた表⑥のスケジュールは，仕事開始後1か月後に生じたForce Majeureによる遅れを考慮する前の工事完成時期を表すスケジュールとなる。これは，updated scheduleと呼ばれる。このupdated scheduleができたら，そこに，Impacted As-Planned Analysisで行ったのと同じように，Force Majeureの影響を受けた仕事Bの部分を入れ込む（表⑦）。すると，仕事B以降に予定されている様々な仕事の始期と終期が次々とズレていく。最後には，完了予定日がズレる。これが，Force Majeureの影響によって予想される新しい完了予定日となる。このとき出てきた表⑦の完了予定日と，表⑥のupdated scheduleに示されている完了予定日を比較する。この差が，仕事Bに影響を及ぼしたForce Majeureによって請負者が得られる納期延長日数となる。

【表④：As-Planned Schedule】

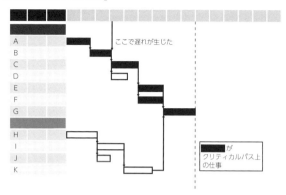

ここで遅れが生じた

がクリティカルパス上の仕事

【表⑤】

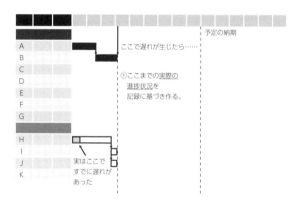

予定の納期

ここで遅れが生じたら……

①ここまでの実際の進捗状況を記録に基づき作る。

実はここですでに遅れがあった

【表⑥：Updated Schedule】

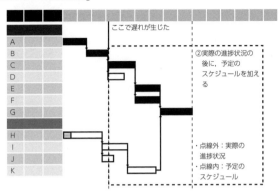

【表⑦：Updated Schedule】

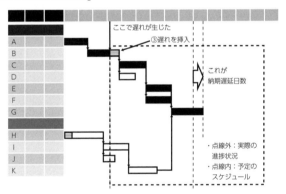

　上記を実施するために必要となるのは，表④のようなas-planned scheduleは
もちろんであるが，実際の進捗状況を示すデータである。つまり，どの仕事が
どのように進んでいるのかを示す記録である。これがないと，いざ遅れを生じ
させる事象が起きた場合に，スケジュールをアップデートすることができない。
そしてこれは，Impacted As-Planned Analysisの欠点を見事に補うものである。
この手法であれば，updated scheduleを見ることで，クリティカルパスがオリ
ジナルのものから変化しているか否かもわかる。そうすれば，最初はクリティ
カルパス上の工程に影響を及ぼす事象が生じていたのかと思っていたが，
updated scheduleを見ると，実はそうではなかった，つまり，生じた事象に
よっては請負者に納期延長を与える必要はないことが明らかになることもある
であろう。つまり，発注者から，「実際の工事の進捗状況を踏まえた分析をし
ていない！」と反論される可能性を減らすことができる。

　実際，英国プロトコルでは，このTime Impact Analysisを用いてDelay
Analysisを行うように推奨している。

　……しかし，この手法にも欠陥がある。いや，欠陥というよりも，実現する
ための不都合といったほうがよいかもしれない。それは，「手間がかかる」と
いうものである。

　遅れを生じさせる事象が1つの場合には，おそらくそう難しいことではない。
しかし，これが次々と生じたら，その都度プログラムを現実の進捗状況を表す
ように毎回アップデートしていくことは，かなりの労力となるであろう。きち
んとやればよいだけとも思えるが，作業現場でこのような管理をするのは，お
そらく，現実的には難しい。というわけで，今度は手法としては正しいが，手
間がかかるという欠点がある，ということになる。

　この欠点をある程度補うものとして考えられているものがある。

　それは，Windows Analysisと呼ばれるものである。次項では，この
Windows Analysisについて解説する。

▍Delay Analysisの手法③：Windows Analysis

この手法は，まず，as-planned scheduleをいくつかの期間に分ける。例えば，

１か月単位とか，２週間単位などである。または，一定の期間ごとに分けるのではなく，主要な仕事の完了時（マイルストーン）ごとに期間を区切ることもある。いくつかの期間に分けたそれぞれの部分をWindowと呼ぶ。このWindowごとにDelay Analysisを実施する。例えば，全工程が１年の工事を想定する。これを１か月ごとに区切ると，12個のWindowができる（下の表⑧では，１か月ではなく，４つのマイルストーンで区切った）。

【表⑧：As-Planned Schedule】

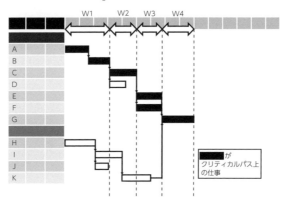

　最初のDelay Analysisは，１つ目のマイルストーン完了時に行う。as-planned scheduleにその時点までの工事の実際の進捗状況を反映させる。このとき反映させるのは，請負者が納期延長を得られる遅れだけではなく，請負者自身の原因で遅れた分も含めてである。すると，１つ目のマイルストーン完了時までは実績に基づいたもの，その時点以降はas-planned schedule中そのままのものという大きく２つの部分からなる工程表ができあがる（表⑨）。これをupdated schedule１とする。このとき，最初のWindow（以下「Window１」と呼ぶ）中で工事に何か遅れが出ていれば，その分，updated schedule１中の完了予定日は，as-planned scheduleよりも後ろにズレる。これが納期の遅れである。そして，Window１の中身を詳しく検討することで，この遅れがいつ，なぜ起こったのかを特定する。その結果，請負者の原因ではなく，納期延長を与えられるべき事象によって遅れが生じていたということがわかった分だけ，

請負者に納期延長が与えられることになる。

　その後，2つ目のマイルストーンが完了したら，そこまでの部分，つまり，Window 2の工事の進捗状況を，表⑨のupdated schedule 1 に入れ込む。ここまでが実際の工事の進捗状況を表すことになる。一方，2つ目のマイルストーン完了時点を超える部分は，updated schedule 1 の残りの部分をそのままとする新しい工程表を作成する。これをupdated schedule 2 とする（表⑩）。このupdated schedule 2 とupdated schedule 1 の完了予定日を比較すれば，Window 2 中で生じた遅れがわかる。そして，この遅れがいつ，なぜ起こったのかを検討し，請負者の原因ではなく，納期延長が認められる事象によって生じた日数を特定する。これがまた，請負者に与えられるべき納期延長分となる。

【表⑨：Updated Schedule 1 （Window 1 ）】

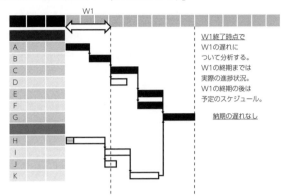

【表⑩：Updated Schedule 2 （Window 2 ）】

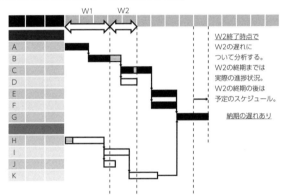

【表⑪：Updated Schedule 3 （Window 3 ）】

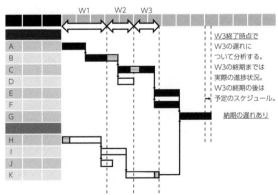

以後，これを完了日まで繰り返す。つまり，1つのWindowが終了するたびに，そのWindowの間で生じた納期の遅れを特定し，その遅れがそのWindow中のどこで，なぜ起こったのかを検討して，納期延長日数を決めていくのである。この手法であれば，工程表が更新される回数は，Windowの数と同じになる。

Time Impact Analysisは，遅れを生じさせる事象が生じるたびに工程表を更新させるものだったが，それに比べて，Windows Analysisは，Windowの数だけの更新となるので，更新回数は減るはずである。その分，Windows Analysisのほうが，手間がかからない，ともいえるだろう。

もっとも，これもImpacted As-Planned Analysisに比べれば，だいぶん時間と労力を必要とする。何より，Windowごとに，実際の進捗状況に基づいて工程表を更新しなければならないので，その実際の進捗状況のデータが保存されていなければ実施できない。結局，遅れを生じさせる事象が発生するごとに工程表を更新するTime Impact Analysisと同様に，進捗状況のデータの保管が不可欠となる。

また，このWindows Analysisは，Windowとして区切る期間が短ければ短いほど，実体を表しているものとなる。逆にWindowを長くすればするほど，実体から乖離していく。そのため，Windowをどの程度に区切るかが信頼性のある結果を出すためには重要となる。一般的には，毎月とするのが望ましいといわれている。

なお，このWindows Analysisは，Impacted As-Planned AnalysisやTime Impact Analysisと比較したとき，もう1つ際立った特徴がある。それは，納期に遅れを生じさせる事象，つまり，仕事Xの遅れについて分析するタイミングである。Impacted As-Planned AnalysisやTime Impact Analysisは，仕事Xが遅れたまさにそのタイミングで仕事Xに遅れを生じさせた原因は何か，それは納期にどう影響するのかを検討する。このような分析方法はprospective（予想する）と呼ばれる。しかし，Windows Analysisは，各Windowの終了時点から，「すでに生じてある程度時間が経過した仕事Xの遅れ」について検討する。このような分析方法はretrospective（遡る）と呼ばれる。

> ➤ Impacted As-Planned AnalysisやTime Impact Analysis → prospective
> ➤ Windows Analysis → retrospective

Delay Analysisの手法その④：But for Analysis/Collapsed As-Built Analysis（最終的な結果から，遅れの分を差し引く方法）

　次に紹介するDelay Analysisの手法は，「最終的な全作業工程を表したas-built scheduleから，請負者に納期延長が与えられるべき原因で遅れた分を差し引いたscheduleを作り，両者の差分を納期延長日数とするもの」である。その名も，But for Analysis，または，Collapsed As-Built Analysis。「as-built」とは，「工事完了時」という意味で，as-built scheduleとは，工事が完了した時点で，工事の初めから終わりまでどのように仕事を行ってきたのかを示すスケジュールである。これは，工事の開始時に作られるスケジュールであるas-planned scheduleの逆バージョンといえる。「but for」とは，「～がなければ」という意味である。つまり，But for Analysisとは，「遅れがなければいつ工事が完成していたのか」を見る手法である。一方，collapseとは，「～を壊す」という意味である。つまり，Collapsed-As Built Analysisとは，「as-built scheduleから遅れ分を壊して取り除いたscheduleを作る」ということになる。以下に，この手法のステップを示す。

(1) as-built scheduleを作成する（表⑫）。
(2) 表⑫のas-built schedule中で請負者に納期延長が与えられるべき原因で生じた遅れを特定する。
(3) 表⑫のas-built scheduleから(2)で特定した「納期延長が与えられるべき遅れ」を取り除いたscheduleを作成する。これがCollapsed As-Built Scheduleとなる（表⑬）。
(4) 表⑫のas-built scheduleと表⑬のCollapsed As-Built Scheduleにおけるそれぞれの工事完成時期を比較する。

（5）　両者の差分が，請負者に納期延長が与えられるべき日数となる。

【表⑫：As-Built Schedule】

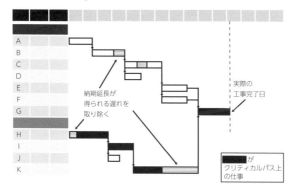

【表⑬：But for/Collapsed As-Built Schedule】

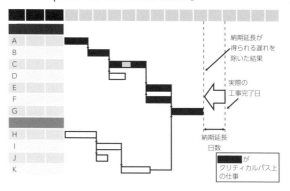

　いかがであろうか。とても論理的で，非の打ち所がないように思えるかもしれない。しかし，意外なことに，この手法は実務では批判が多いようである。その理由の第一は，「あまりにtheoretical（理論的，または仮説に基づいた）な結果である」というものである。どういうことか。これは，「「最終的な結果であるas-built schedule」から，「納期延長が与えられるべき事象の影響を受けた部分」を取り除くことで，「そのような事象がなかった状態」が現れる，というのは，理屈としてはそうなのだろうが，しかし，真実なのか」という疑問

である。この点は，私たちの日常生活を思い浮かべるとイメージしやすいかもしれない。

　ある日の朝，会社に行こうとしたら，急に腹痛に襲われたとする。そのため，トイレに行ったり，薬を飲んだりしていたため，遅刻してしまった。その結果，その日は朝から上司に「社会人としての自覚が足りない！」と同僚や後輩など，大勢の前でこっぴどく叱られた。そのため，その日1日，嫌な気分で仕事をすることになった。帰宅後，こう思った。「朝，腹痛になりさえしなければ，いい気分で過ごせたはずなのに……」

　ここで考えてみたい。この日の朝，腹痛が起こらなければ，本当に「いい気分で過ごせたのだろうか」と。

　But for Analysisをこの事例に簡単に当てはめれば，そうなる。腹痛がなければ，「腹痛で遅刻したためにみんなの前で叱られて嫌な気分になった」という事実はなかったはずである。しかし，朝，家を出る時間に遅れなかった場合には，代わりに何が起こっていたかはわからない。もしかしたら，駅に行く途中で誰かにぶつかり，そのため「気をつけろ！　あやまれ！」と怒鳴られていたかもしれない。または，遅れずに乗れた電車は極度の満員電車で，足を踏まれるは，上からバックが落ちてくるは，さらには，網棚に置いたバッグをそのままに電車を降りてしまい，結局遅刻したかもしれない（加えてバッグの中の財布は盗まれるかも）。あるいは，遅れずに駅を出て，会社に向かう通行中には，上から看板か何かが落ちてきて，大けがしていたかもしれない。つまり，「腹痛で遅刻して上司から叱られる」という事実がなかったとしても，本当にその日1日をいい気分で過ごせたといい切れるわけではない。

　もう1つ例をみてみよう。就活で，第1志望の企業を受けた。最終面接は途中までいい調子であった。しかし，ある1つの質問Aにうまく答えられなかった。結果として，その企業には落ちてしまった。そのとき，あなたはこう思うかもしれない。「あのとき，もしも質問Aに答えられていたら，第1志望に内定がもらえていたはずで，その場合，今よりも給料がよくhappyな人生を過ごせていたはずなのに……」。

　しかし，それは本当だろうか。質問Aに答えた場合，そのあなたの答えをもとにしたさらなる問いがあったかもしれない。そのさらなる問いは，答えるの

がより難しい質問で，それにしっかりと答えられなかったら，やはり落ちたかもしれない。つまり，「質問Aに答えることができなかった」という事実を取り除いても，それで即内定が得られたとはいえない。また，仮に内定を本当に得られていたとしても，いざ入社してみると，最初に教育係についた先輩がとんでもないパワハラを行う人で，執拗ないじめに逢い，入社したその年のうちに会社を辞めたくなっていたかもしれない。そうなると，本当に「質問Aに答えられていたら，今よりもhappyな人生になっていた」という結果が実現していたとはいい切れない。

　このように，人はときどき，これまでの自分の人生の中から悪い部分や嫌な部分を取り除けば，自動的によい部分や幸せな部分だけが残ると単純に考えがちだが，実際にはそうなるとは限らない。すでに生じた世界から，ある事実だけを単純に除いたものが，本当にその後に現れたはずの世界であるとはいえないのである。この点，But for Analysisは，「ある遅れを取り除くだけ」で他はすべてすでに生じた結果がそのままきれいに残ると仮定している。この点を捉えて，あまりに理論的すぎるといわれているのである。

　これについては，次のような反論があるかもしれない。

　「上記の問題点を考慮して，ある事実を取り除いただけで終わりにせず，ある事実を取り除いた後で，それにいくらか調整を加えたものを，後に現れる世界であると考えるようにすれば，真実に近づけるのではないか」

　つまり，「腹痛がなければその日はよい日だった」，「あの質問に答えられていたら，内定を得られてよりhappyだった」と単純に捉えるのではなく，「いや，それでも代わりに○○が起こっていたかもしれない」と考え，必ずしも「あれがなければ，今はhappyだったのに」とは考えないようにするなら，十分使える考え方なのではないか，という反論である。

　しかし，このときに持ち出す，「代わりに○○が起こっていたかもしれない」というのはその人の主観に大きく依存するであろう。よりポジティブなことが起こると考えるか，それとも逆にネガティブに考えるか。これを建設案件でいえば，請負者に有利になるように考えるか，それとも発注者に有利になるよう

に考えるか，ということになる。つまりこれが，But for Analysisの第二の問題点となる。すなわち，単純に事実を取り除くだけでなく，何かしら調整を試みようとすれば，それは，But for Analysisを用いて分析する者の主観が大きく入り込み，やはり信頼性を損なうものとなり得るのである。

問題点の３つ目として，このBut for Analysisは，クリティカルパスが時々刻々変化するということを全く考慮していない。これは，例えば，Time Impact AnalysisやWindows Analysisなどと比べると一目瞭然であろう。

４つ目の問題点として，請負者が納期延長を与えられるべき原因となる遅れが生じた場合に，それに請負者もペースを合わせる点が考慮されていない。例を見ながら考えてみよう。

表⑭の１段目を見てほしい。４つの仕事a〜dを考えよう。仕事a，c，dがクリティカルパスである。また，仕事dは，仕事bと仕事cの両方が終わらないと始められないものである。今，仕事aについて，発注者の原因で遅れたとする。これにより，仕事cも遅れることになった。ここで，請負者が，仕事bについて，「仕事aが遅れたから，仕事bを急いでやってもしかたがない。仕事aの遅れに合わせて，ペースを緩めよう」と考えて，仕事bを遅らせたが，その遅れが納期に影響を及ぼすことはなかった（２段目）。しかし，ここでBut for Analysisを単純に用いると，奇妙な結果となる。

つまり，仕事aにおける発注者に原因がある遅れ部分（仕事aの黒塗り部分）を取り除いたとする。一方で，仕事bについての遅れの部分（仕事bのグレーの部分）は除かなかったとする。というのも，この遅れは，形式的には，請負者が意図的に遅らせたものだからである。すると，結果として残ったスケジュール（３段目）は，請負者の原因で仕事bが遅れた結果，納期に遅れが出たかのようなものとなる。では，この遅れ部分について，請負者が発注者に納期遅延LDを支払う責任を負うべきか。そうではないはずである。なぜなら，請負者が仕事bを遅らせたのは，最初に発注者の原因で仕事aに遅れが生じたので，「仕事cが終わらない限り仕事dを始められないのだから，仕事bを予定どおりに終わらせても意味がない」と考えたからである。そして，工事が実際に行われていたリアルタイムにおいては，請負者が仕事bを遅らせた行為は，何ら納期を遅らせるものではなかった。このように，But for Analysisを使う

と，実態とは異なる結果が出てしまうおそれがあるので注意が必要となる。

【表⑭】

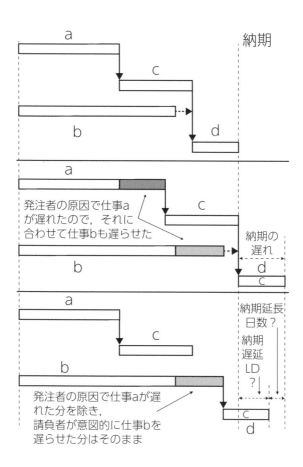

問題点の5つ目は，そもそも，But for Analysisを使うためには，as-built scheduleが必要になるということである。このas-built scheduleは，正確なものを作るのがとても難しいといわれている。というのも，工事に関するあらゆる記録がないと作れないからである。そのため，記録が足りない部分は仮定を交えながら作ることになる。つまり，But for Analysisは，この手法を用いるための大前提であるas-build scheduleを作る際にも，そして，その後遅れを取

り除いた後のcollapsed as-built scheduleを作る際にも，どちらの場面でも，分析者の主観が大きく反映されることになり得るので，信頼性に欠けるという指摘がよくなされる。というわけで，as-built scheduleを使うこのBut for Analysisはあまり好ましくない，といわれている。

Delay Analysisの手法その⑤：As-Planned vs As-Built Analysis（実務で最も使われている手法）

最後に，実務で最も頻繁に使われている手法について解説する。それは，As-Planned vs As-Built Analysisと呼ばれるものである。この分析方法は，一言で表すと，「as-planned scheduleとas-built scheduleを比較する」という大変シンプルなものである。具体的には，以下のような手順で行う。

---

(1) 契約締結時に，as-planned scheduleを作成する。

(2) 工事完了後に，as-built scheduleを作成する。

(3) as-planned scheduleとas-built scheduleを見ながら，どこがクリティカルパスであったのかを「常識（common sense）」を使って特定する。

(4) (3)で特定したクリティカルパスに相当する各仕事の開始時期と終わりの時期をas-planned scheduleとas-built scheduleとで比べ，どの作業がどれだけ遅れたのか，そして，その遅れの原因を決定する。

(5) as-planned scheduleにおける納期とas-built scheduleにおける工事完了時期の差の中身を，(4)に基づいて検討し，最終的に納期延長日数を決定する。

※なお，Windows Analysisと同様に，工事期間をいくつかの期間であるWindowに分けて，Windowごとに上記を行う場合もある。全期間を対象に分析するよりも，いくつかの期間に分けたほうが正確性は増すものと思われる。

上の手順を読んだだけではまだイメージをつかみにくいと思うので，以下に，4つの仕事A〜仕事Dからなるシンプルな工事を例に，As-Planned vs As-Built Analysisの一例を示す（117頁の表⑮を参照）。

【表⑮】

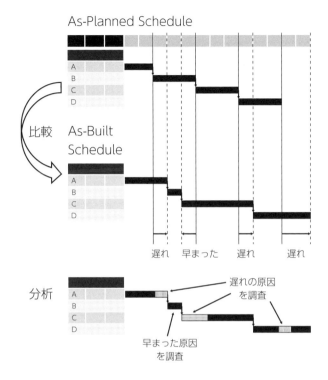

As-Planned Schedule

比較 As-Built Schedule

遅れ　早まった　遅れ　遅れ

分析

遅れの原因
を調査

早まった原因
を調査

　まず，表⑮の１段目と２段目に基づき，以下のように，仕事A〜仕事Dについて予定（as-planned schedule）と結果（as-built schedule）を比較して，それぞれどれだけ遅れたのか，または，早まったのかを調べる。

　仕事A：２日で終える予定であったが，実際には３日かかった。

　仕事B：３日で終える予定であったが，実際には１日で終わった。これにより，仕事Bが終わった時点では，予定よりも１日早いペースで仕事が進んでいる状況となった。

　仕事C：３日で終える予定であったが，実際には５日かかった。もっとも，仕事Bが終わった時点で予定よりも１日早く仕事が進んでいたので，仕事Cが終わった時点の予定からの遅れは，１日である。

仕事Ｄ：３日で終える予定であったが，実際には４日かかった。もっとも，仕事
Ｃが終わった時点で予定よりも１日遅れていたので，この遅れと合わせて，最終
的には予定よりも２日遅れで工事が完了した。

次に，以下のような各仕事について，上記のように予定と差が生じた理由を
分析する（表⑮の３段目）。

仕事Ａ：１日遅れたのは，請負者の原因であった。よって，この１日分について
は，納期延長は認められない。
仕事Ｂ：請負者が仕事Ａの遅れを挽回するために，自らの判断で仕事のペースを
早めた結果，予定よりも早く終わり，全体として１日分の余裕ができた。
仕事Ｃ：発注者の原因で予定よりも２日間遅れた。もっとも，仕事Ｂが終わった
時点で１日の余裕があったので，仕事Ｃが終了した時点で予定との遅れは１日に
とどまった。この１日分は，納期延長の対象となる。
仕事Ｄ：請負者の原因で遅れた。よって，この遅れについては，納期延長は認め
られない。

　一般的な建設契約書に従えば，請負者の原因である場合には納期延長が認め
られず，逆に請負者に原因がない場合には納期延長が認められる。よって，上
記の分析から，結論として，工事完成時期は予定よりも２日間遅れたが，その
うち請負者が納期延長を得られるのは発注者の原因で仕事Ｃに生じた遅れから
なる納期遅延１日分のみとなる。
　この手法で必要となるのは，表⑮にあるようなas-planned scheduleとas-built
scheduleである。すでに紹介したTime Impact AnalysisやWindows Analysis
は，進捗状況に関する記録を見ながら検討するものなので，その都度変化する
クリティカルパスを正確に把握することができるが，As-Planned vs As-Built
Analysisは仕事の進捗状況に関する情報が十分にない場合に選択されることが
多い。そのため，クリティカルパスの特定は，あくまで予想となる。113頁の

手順の(3)にもあるように,「常識」を使ってクリティカルパスを特定するのだが,要は,記録がないので,分析者が理屈をつけて特定する他ない,ということである。その意味で,クリティカルパスの特定については,Time Impact AnalysisやWindows Analysisと比べると信頼性が劣るといえる。

表⑮の例では,工程がたった1つの例であったため,クリティカルパスは容易に1つに特定できているが,いくつもの仕事が並行して走っているような工事であったなら,クリティカルパスは時々刻々変化する。そのような場合に,as-planned scheduleとas-built scheduleを比較するだけでクリティカルパスを特定するのはとても難しい。

また,as-planned scheduleは,Impacted As-Planned Analysisのところで述べたとおり,契約締結時に作成したものであり,その後の進捗状況を反映したものではない。よって,現実とは異なるものである可能性が高い。

さらに,as-built scheduleは,工事完了後に作成されるもので,「実際に工事はこのように行われた」ということを示すスケジュールであるが,進捗状況に関して正確に記録をしていない限り,正確なas-built scheduleを作ることは難しい。そして,もしもそのような記録があるのなら,むしろ,Time Impact AnalysisやWindows Analysisを選択したほうが信頼性の高いDelay Analysisができる。それを選択せずにAs-Planned vs As-Built Analysisを実施しようとしているということは,進捗状況に関する正確な記録がないからであると思われる。そのような場合に作られるas-built scheduleは,やはり分析者がなんとか理屈をつけて作成されるものとなり,結局,あまり正確性の点で信頼を置けるものではないはずである。

上記から,普通に考えれば,As-Planned vs As-Built Analysisは,信頼性のないas-planned scheduleとas-built scheduleを用いて,やはり信頼性のないクリティカルパスを特定し,そのクリティカルパス上の各仕事について,再び信頼性のないas-planned scheduleとas-built scheduleを見ながら比較して,最終的に生じた遅れの原因と程度を特定するというものといえる。となると,もはや,あまり信頼できない情報のみに基づいてなされている分析,なんとか分析の形をとったにすぎない手法のようにも思える。

「こんないい加減な手法で許されるわけがない! これまで紹介された手法

の中で最も納得感が得られない方法ではないか！？」と思われた人が多いかもしれない。しかし，意外なことに，実務では，これが最もよく使われている手法であるといわれている。それは，以下のようなメリットがあるためと思われる。

---

(1) やり方が簡単。最初に作ったas-planned scheduleを一度もアップデートする必要がないので，手間がかからない。

(2) 進捗状況に関する十分な記録がなくてもできる。

(3) as-planned scheduleとas-built scheduleを比較するというのは，一見合理的なように思えるし，素人（他のDelay Analysisを知らない人）にも理解でき，それでいて，それなりの納得感がある。

(4) 分析に時間も費用もさほどかからない。

　要は，分析の正しさよりも，お手軽さが重宝されている手法であるということである。たしかにこの手法は，工事期間が短く，クリティカルパスが最初から最後まで一定である案件ではその精度も確保され得る。しかし，クリティカルパスが変化したり，遅れが多数生じたりする案件では，精度に極めて疑問が生じる方法である。

　しかし，それでも実務で最もよく使われているということは，建設案件においては，工事の進捗状況を適切に保管できていないことのほうが多いので，Time Impact AnalysisやWindows Analysisはおろか，Impacted As-Planned Analysisさえなかなか難しいという実態があるのであろう。But for Analysisでさえ，それなりに進捗状況の記録がないとできないはずである。

▌理想と現実

もしかすると，次のように感じた人もいるかもしれない。

「実務で最も多く使われているのがAs-Planned vs As-Built Analysisなら，

それだけ理解すればよいではないか。この前に紹介されている手法は知っていなくてもよいではないか」

　しかし，それは誤りである。というのも，As-Planned vs As-Built Analysisは，妥協の産物である。論理的に正しい手法ではなく，突っ込みどころ満載の手法である。発注者と請負者が妥協し合えない場合には，「立証できていない」ということで，請負者の請求が大きく否定されるリスクをはらんでいる。また，「本来あるべきDelay Analysis」がどのようなものであるかを理解できている請負者によるAs-Planned vs As-Built Analysisによる請求と，それしか知らない請負者の請求では，全く異なるものになるはずである。つまり，この分析の弱点を知っていれば，いくらかその弱点を補う工夫ができる可能性があるが，「この手法には何ら問題はないのだ」としか思えていない請負者の請求は，まさに穴だらけのものとなるだろう。

　また，請負者は，下請に対しては，下請からの請求を拒否する立場になる。このとき，下請の主観が満載されているAs-Planned vs As-Built Analysisに対して効果的な反論をするには，「信頼できるDelay Analysisとはいかなるものか」を知っている必要がある。

　さらに，そもそも，実務で最もよく使われている手法がAs-Planned vs As-Built Analysisであるということは，もしかすると，次のような理由かもしれない。つまり，世の中には，大小様々な建設案件がある。これを，工期や契約金額の観点で，最大級のものから並べていくと，比較的中規模以下のものの数が圧倒的に多いということにおそらくなるだろう。そうなると，それらは，As-Planned vs As-Built Analysisでもそれなりに妥当する案件であるということができる。だから，As-Planned vs As-Built Analysisが結果的に多く用いられているというだけのことかもしれない。規模が最大級のものでは，より高度な分析手法がよく使われており，そのような案件でAs-Planned vs As-Built Analysisを持ち出したら，発注者から一笑に付されるだけかもしれない。

　なお，もしも仮に，本当に規模の大小を問わず，As-Planned vs As-Built Analysisが最もよく使われている手法なのだとしたら，次のようにも考えられる。

　「もしもTime Impact Analysisに基づくクレームをなし得たら，発注者は反論することが難しく，それだけ請負者の請求を認める可能性が高まる」

　工事に関する進捗に合わせたscheduleのアップデート，遅れが生じるたびに記録を保管する，こういったことをしっかりと行えば，請負者のクレームが認められやすくなり，結果的に高い利益率を維持して工事を終えられることになることであろう。

▌各種Delay Analysisの比較検討

　これまで，Delay Analysisの手法として，5つの手法を見てきた。この章の最初に述べたとおり，実務では，建設契約にどのDelay Analysisを使うべきかが定められていない限り，請負者はどの方法でやらなければならないと決まっているわけではない。

　しかし，何らかの方法に基づいて，Delay Analysisを実施しなければ，説得力のある納期延長・追加費用の請求を発注者に対してすることはできない。

　ここで，実務でどの手法を選択するかの基準として最も重要となるのは，「いかなる情報があればその手法をできるのか」というものである。これまで見ていただいておわかりだと思うが，信頼性を重視するならば，理想としては，Time Impact AnalysisやWindows Analysisが望ましい。しかし，いざDelay Analysisをしようと考えた時点で，工事の進捗状況に関する記録が不十分である場合には，どちらもなし得ない。理想は理想として認めつつも，「現状できる範囲で行うしかない」という状況に置かれることはある。

　そこで，以下に，それぞれの手法の長所・短所とともに，いかなる情報が手元にあることがそのDelay Analysisを実施するために必要なのかを問題形式でまとめたので，理解の整理に役立ててほしい。

【理解度確認問題】

	「原因から結果」の検討か，それとも「結果から原因」の検討か	必要な情報	as-planned scheduleの更新	長所	短所
①	Prospective（遅れを生じさせる事象（原因）から遅れ（結果）を予測する）	as-planned schedule	不要（遅れを入れ込むだけ）	簡単	実際の進捗状況が反映されないので正確でない
②		as-planned schedule／updated schedule／progress information	必要 遅れを生じさせる事象が発生するたびに更新	正確	手間がかかる
③	Retrospective（遅れ（結果）から遅れを生じさせる事象（原因）を特定する）	as-planned schedule／updated schedule／progress information	必要 Windowが終了するたびに更新	正確（Windowの期間を短くすればするだけより正確になる）	Time Impactよりも軽減されるかもしれないが，それでも手間がかかる
④	Retrospective	as-built schedule	更新不要	理論的	理論にすぎない。as-built scheduleを作るのは非常に困難
⑤	Retrospective	as-planned schedule／as-built schedule	更新不要	簡単	不正確。分析者の主観がかなり入り込む

答え：①Impacted As-Planned Analysis／②Time Impact Analysis／③Windows Analysis／④But for/collapsed as-built analysis／⑤As-Planned vs As-Built Analysis

第4章 立証 第2節 Delay Analysisの手法（納期延長日数を算出する方法）

Delay Analysisについて最後に認識していただきたいことがある。それは，完璧なDelay Analysisはない，ということである。例えば，3名の専門家がいたとして，それぞれに同じ事実やデータを提供し，「これに基づいてDelay Analysisを行ってほしい」と依頼をしたとしても，その3名が導き出す結論がそれぞれ異なっている，ということは十分に起こり得る。実際，筆者が担当した納期遅延と追加費用に関する調停において，筆者が所属する企業と相手方企業のそれぞれが行ったDelay Analysisの結果は異なっていた。また，それを受けて3名の調停人からなる調停が下した判断は，「いくらかの追加費用が生じたことは間違いないが，提示された証拠からはその分担を判断することは困難である。よって，折半とする」というものであった。3名の調停人間でも意見が分かれ，1つの結論に達することができなかったのであろう。

　ただ，Delay Analysisで重要となるのは，「事実に基づく分析をしているか」という点であることは間違いない。そしてその事実は「記録（records）」によって証明されるものであり，なんらの記録もないのに請負者が求める遅延日数や追加費用が認められることがないことだけは確実である。

　英国の法廷弁護士（barrister）であると同時に積算士（chartered quantity surveyor）でもあり，さらに世界的に有名な建設関係の紛争解決コンサルティング会社の設立者でもあるRoger Knowles（1937-2022）氏はあるセミナーでこう述べたという。「自社の請求が認められるようにするために最も重要なものが3つある。それは，good records（適切な記録），good records，そしてgood recordsである。

　どのDelay Analysisの手法を用いる場合でも，自社の主張が認められる確率をできるだけ高めるために，工事の記録を適切に保管し，それに基づいてなるべく論理的にDelay Analysisを実施することを心掛けていただきたい。

参考　～工程表（スケジュール）は契約文書か？　～

　契約書には，法的拘束力が生じる。つまり，契約書に記載されている義務に違反した場合には，相手に対して責任を負うことになり，その責任を果たさない場合には，最終的には裁判所が強制的に介入して，責任を果たさせることになる。

　ここで，建設契約では，仕事の内容とその期間・順番を記載したスケジュールも契約書を構成するのであろうか。

　実は，スケジュールは，通常は，「契約書を構成しない」と考えられている。

　たしかに，納期には法的拘束力が生じる。これは，商務条件書に納期が明記されているからである。しかし工事開始日から納期に至る過程であるスケジュールに法的拘束力を及ぼすのは現実的にみて，妥当ではない。請負者には，フレキシブルに仕事を遂行する裁量を与えたほうが結果としてうまくいくからである。

　建設工事では，仕事の数は数百以上に上ることも珍しくない。それらを最初から最後まで予定どおりに行うことは至難の業である。例えば，仕事Xが何らかの理由で遅れた場合，その後の仕事の順番を変えることにより，追加費用を抑えた上で予定どおりの納期に間に合わせることができるかもしれない。もしも納期までに工事が完了されなければ，発注者は納期遅延LDを支払ってもらうことで損害をカバーできる。よって，この臨機応変に柔軟に請負者が仕事を遂行するためには，「スケジュールには法的拘束力はない」としたほうがよく，発注者としても問題ないのである。

　ただ，契約書に，「スケジュールは契約書を構成する」と定められている場合もある。そのように記載されているモデルフォームも存在する。その記載を厳格に守ろうとすると，スケジュールを少し変えるだけで，損害賠償の話や，仕様変更が必要か，といった議論が生じる。これは，両当事者にとって大した利益とならないのに，大変煩わしいことになる。よって，そのような契約書案を請負者が受領した時は，修正することをお勧めしたい。これは，請負者のみならず，発注者にとっても利益となるはずである。

　もっとも，スケジュールが契約文書ではないことと，契約締結後に請負者がスケジュールを変更する際に発注者の事前の承認を必要とすることは，何ら矛盾しない。発注者は，請負者がどのように仕事を進めるのかを常に把握しておきたいものである。スケジュールを変える際には，事前に何をどのように変える予定かを理解するために，発注者の事前の承認が必要である旨の定めが契約にあるのは，むしろ，一般的なことである。

第**3**節

納期遅延に伴って生じる
追加費用 (prolongation cost) の立証

【仕事Xに遅れが生じた場合のフロー】

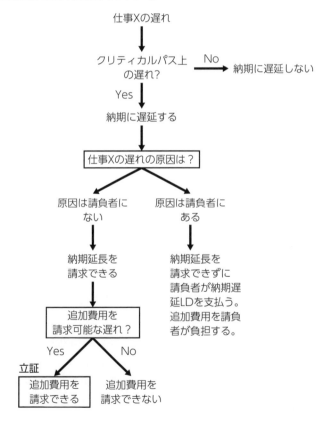

仕事Xに遅れが生じ，その結果，納期に遅延が生じることになったとする。このとき，仕事Xに遅れが生じた原因が，契約上，「請負者が納期延長を得られる事象」として定められている場合に当たるのであれば，請負者は発注者に対して納期延長の請求をすることができる。ちなみに，この「請負者が納期延長を得られる事象」として契約に定められているのは，「請負者に原因がない事象」である。

ここで，納期遅延が生じると，請負者がそれだけ建設サイトに長い期間滞在することになるので，請負者に追加費用が生じることになる。これは一般にprolongation costと呼ばれることは23頁ですでに述べた。このprolongation costには，主に次のようなものがある点にもすでに触れた（63頁）。

> ・建設サイト滞在費（建設用機器・仮設設備・レンタカーなどのレンタル費用）
> ・ボンド保証料・保険料
> ・遅延利息
> ・本社経費（特にunabsorbed head office overhead）
> ・利益（profit）

納期遅延が生じた場合，これらの追加費用は，原則として請負者の自己負担となるが，請負者が納期延長を得られる場合には，Force Majeureの場合を除いて，基本的に，発注者に負担してもらえることに契約上なっているのが通常である。

ここで，請負者に生じる上記のような追加費用を発注者に負担してもらう際は，実費精算であるのが原則である（ただし，171頁で解説するchange/variationの場合には，実費精算とならないこともある）。実費とは，「実際にかかった費用」という意味である。つまり，請負者が実際に誰かに支払った金額（または，支払うことが義務づけられている金額）を発注者に負担してもらうことになる。したがって，請負者は発注者に対して「実費」を示す必要がある。つまり，立証しなければならない。

実費の立証には，通常，次のものが必要になる。

> ・費用の金額が記載されている契約書
> ・その費用を実際に支払った記録

　例えば，建設サイトで使用するレンタカーのレンタル費用であれば，レンタル契約書（そこにはレンタルフィーが記載されているはずである），そして，それをレンタル会社に支払ったことを示す書類（領収書など）が必要になる。

　これが追加費用を発注者に負担してもらうために必要な立証に関する基本であるが，いくつかの注意すべき事項について，以下で詳しく見ていこう。

追加費用の算定の期間はどこか？

　仕事Xの遅れが納期の遅れを引き起こした場合に，請負者は建設サイトに予定よりも長く滞在することになるので，それによって追加費用が生じるわけだが，では，その追加費用とは具体的にはどの期間に当たるものとするべきか。これには，2つの候補がある。

　1つ目は，仕事Xの遅れの部分。これは，次の図の①の濃いグレーの部分である。

　2つ目は，納期に遅れた部分の期間。これは，次の図の②のうすいグレーの部分である。

　一見，どちらでも追加費用金額に変わりはないように思えるかもしれない。しかし，建設工事の期間は数か月から年を超えることもある。すると，仕事Xに遅れが生じている①の期間と，納期に遅延が生じている②の期間とでは，数か月から年を超える期間離れていることもある。すると，例えば，建設サイト設置費用を構成する設備の1日当たりのレンタル費用として，①の期間はX米ドルだったが，②の期間はY米ドルになっている，ということも起こり得る。つまり，①と②のどちらで算出するかで追加費用の金額は変わってくる。

　実務では，①の期間で追加費用を算出するべきと考えられている。

【追加費用はどの期間のものか】

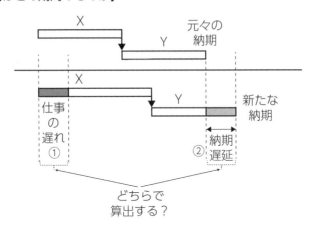

どちらで
算出する？

同時遅延と追加費用の負担

　42頁にて学んだのは，「同時遅延となった場合に請負者は納期延長を得られるのか？　得られるとして，何日間得られるのか？」という問題であった。ここでは，同時遅延と認定され，請負者に納期延長が認められる場合の追加費用を誰が負担するのかについて見ていこう。

　この点について，次のように考える人が多いかもしれない。

　「同時遅延のケースでは，実務上，同時遅延とされる期間はすべて請負者に納期延長が与えられることになるのが通常である（47頁以降参照）。そうだとすれば，その期間に請負者に生じた追加費用は，すべて発注者の負担となるのではないか」

　しかし，実務上は，追加費用の負担についてこのように扱われることは一般的ではない。また，「常にこれが適用される」という固まったルールもない。例えば，英国プロトコルは次のような考え方を示している。

　「同時遅延によって請負者に生じる追加費用分の中で，請負者に原因がある

遅れから生じる分を除いたもののみ，請負者は発注者に請求できる」

　この考え方は，「請負者に原因がある遅れから生じる追加費用については請負者が負担するべきであり，それは同時遅延の場合も同様とするべきである」という理由から導き出されている。そして，この考え方に基づけば，「同時遅延の場合には，請負者は，通常，追加費用を発注者に請求できない」ということになる。

　例えば，クリティカルパス上にある仕事Xを開始するためには，発注者が建設サイトへのアクセス権を請負者に与えることと，請負者が建設用機械を準備することが必要だったとする。今，それらに関し，請負者と発注者はそれぞれの原因で10日間遅れた。その結果，納期も10日間遅れることになった。

【同時遅延と追加費用】

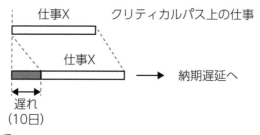

　この10日間の遅れの間，請負者には，契約締結時の想定よりも長い間建設サイトに滞在することによって追加費用が生じる。例えば，建設サイト内で使用する建設用機器・仮設設備・レンタルカーなどのレンタル費用，さらには，ボンド保証料・保険料などである。

　では，こういった追加費用は，請負者の原因で生じた遅れによるものなのか。それとも，発注者の原因で生じた遅れによるものなのか。

　……そう。どちらの原因で生じたのか区別できないのが通常である。という

のも，これらは，建設サイトに長く滞在することや検収日が遅れたという事実
から生じる費用だからであり，発注者の原因で生じた費用であると同時に請負
者の原因で生じた費用でもあるからである。よって，費用ごとに「これは発注
者の原因で生じる費用」，「それは請負者の原因で生じる費用」と区別すること
はできないので，上記のルール「同時遅延によって請負者に生じる追加費用分
の中で，請負者に原因がある遅れから生じる分を除いたもののみ，請負者は発
注者に請求できる」を適用すると，結論として，同時遅延の場合には，遅れに
よって請負者に生じる追加費用を発注者に負担してもらうことは，通常は無理
だという結論となる。

　これに対しては，次のように考えた人もいるかもしれない。

　「では，なぜ，「同時遅延の場合には，請負者は，追加費用を発注者に請求で
きない」とはっきりいわず，「請負者の原因で生じたもの以外は請求できる」
という言い方をするのか？」

　それは，発注者が責任を負うべき原因（例えば，法令変更やサイトへのアク
セス権の付与が遅れる場合など）で生じた費用と請負者の原因で生じた費用を
区別することができる場合もあるためである。次頁の図で考えてみよう。
　仕事cは，仕事aと仕事bの両方が終わらないと始められない仕事である。
つまり，仕事aと仕事bはどちらもクリティカルパス上の仕事である。今，仕
事aは発注者の原因で，仕事bは請負者の原因で，それぞれ10日間遅れたとす
る。ここで，仕事aでしか使わない建設用機器があったとする。するとこれは，
仕事bが終わっていなくても，仕事aが終われば，貸主に返還することができ
るものといえる。となると，この仕事aでしか使わない建設用機器のレンタル
費用の追加分が生じたのは，仕事aに遅れを生じさせた発注者にのみ原因があ
るのであって，仕事bにのみ遅れを生じさせた請負者には原因がないことは示
せるであろう。すると，同時遅延に関する上記のルール「同時遅延によって請
負者に生じる追加費用分の中で，請負者に原因がある遅れから生じる分を除い
たもののみ，請負者は発注者に請求できる」を適用して，仕事aで使われる建
設用機器を予定よりも長くレンタルしなければならなくなった結果生じる追加

費用を請負者は発注者に請求できることになる。ただ，この場合でも，とにかく検収時期が延びたことで生じる追加費用であるボンド保証料や保険料などは，請負者の原因の遅れによるものと発注者の原因の遅れによるものとを区別できないので，請負者は発注者に請求できない。

【同時遅延と追加費用】

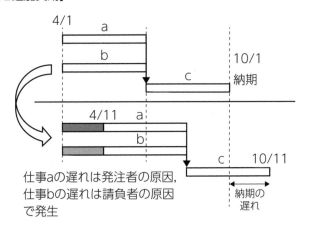

仕事aの遅れは発注者の原因，
仕事bの遅れは請負者の原因
で発生

　以上から，英国プロトコルの考え方を整理すると，次のようになる。

> 　同時遅延の期間中に請負者に生じる追加費用は，原則として，請負者の自己負担となる。ただし，同時遅延によって請負者に生じる追加費用分の中で，請負者に原因がある遅れから生じる分を除いたものについては，請負者は発注者に請求できる。

　ただ，繰り返しになるが，この同時遅延の場合の追加費用の扱いに関しては，世界で共通のルールがあるわけではない。例えば，他の考え方として，「同時遅延とは，発注者が責任を負うべき場合と請負者が責任を負うべき場合が並存しているケースなので，追加費用は折半にするのが公平である」というものもある。

さらに、「責任を折半するのが公平であるというならば、同時遅延の場合には、請負者に納期延長が与えられる結果となるのが通常であり、これは、納期遅延によって発注者が被る損害額を発注者が負担することを意味するので、請負者に生じる追加費用はすべて請負者の負担とするのが本当の意味での折半であり、これこそ公平である」という考え方も成り立つ。これは結論としては、英国プロトコルが示すものに近い。

同時遅延の場合の追加費用の扱いについて契約に定めがなされていればそれに従うことになるが、そのような契約は滅多になく、また、仮に契約に定めるにしても、どう定めるかで大いにもめることが予想される。先にもめる場合でも、後にもめる場合でも、上記の考え方をその理由とともに理解できていれば、相手方と協議して妥協点を探っていくことに役立つであろう。

本社経費と逸失利益の立証の難しさ

次に、本社経費と逸失利益の立証について解説する。これらがどのようなものかはすでに65頁で解説した。ここでは、そこでの理解を前提にそれぞれを立証する上での問題点を解説する。本社経費とは何かと今思った人は、念のため、65頁をもう一度読み返してから以下を読み進めてみてほしい。

まず、本社経費の1つであるdedicated head office overheadは、特定の仕事に紐づいて生じる費用なので、実費精算における立証方法の原則どおり、契約書と実際に支払った記録があればよいということになる。例えば、ある役員が、納期が延長された案件Aの仕事に関わるために建設サイトに出張したときのフライト費用や宿泊費用は、それぞれの領収書を準備すればよい。

本社経費のもう片方であるunabsorbed head office overheadと逸失利益は、次の2点を立証する必要がある。

(ⅰ) 案件Aの納期の遅れがなければ、請負者は案件Bを受注できていたこと

(ⅱ) 案件Bを受注できていたならば請負者が得られたはずのunabsorbed head office overheadと逸失利益の金額

　上記 2 点を立証できれば，

「請負者に原因がない事象の発生（発注者による請負者へのサイトへのアクセス権付与の遅れなど）」
↓
「案件 A における仕事 X が遅延」
↓
「納期遅延（これは納期延長が与えられる）」
↓
「案件 B を受注するためのリソース不足が発生」
↓
「案件 B を失注」
↓
「案件 B を受注できていたら得られた unabsorbed head office overhead と利益の合計〇米ドルを回収できなくなった」

という流れが明確になる。なお，以下では特に断りがない限り，「本社経費」とは unabsorbed head office overhead を意味するものとする。

(ⅰ)案件 A の納期の遅れがなければ，請負者は案件 B を受注できていたこと

　ある案件を受注できるかどうかは，様々な要因と関係してくる。案件 B の受注活動の時期と，案件 A の延長された仕事遂行期間が重なっていたというだけでは，本当に案件 A の遅れが原因で案件 B の受注活動に支障が生じたとはいい切れない。単に請負者の別の都合で案件 B を受注できなかっただけなのに，たまたまタイミングが重なったので，案件 A の納期が延びたことが原因だと請負者が主張しているだけかもしれない。他の証拠と合わせて，「案件 A の遅れ」と「案件 B の受注失敗」が「原因と結果の関係」にあることを証明する必要がある。そのためには，以下のような証拠が必要になる。

> ・請負者の事業計画（納期延長となる遅れが生じる前に作成されたもの）
> →もともと受注が計画されていない案件については，本社経費や利益を請求できない。
> ・人員等のリソースに応じた，請負者の案件受注・失注に関するデータ
> →これは，どれだけのリソースが受注活動のために必要となるのかという点を検討するために必要となる。
> ・入札機会の検討および入札準備のために投入されるスタッフを検討する会議の議事録
> →先行する案件Aの完了時期が案件Bを受注・遂行する上でカギとなるのかが会議の場で議論されていれば，因果関係の証明に役立つであろう。

(ii)案件Bを受注できていたならば請負者が得られたはずの unabsorbed head office overheadと逸失利益の金額

　案件Aの遅延がなければ，案件Bを受注できたことで，請負者がどれだけの本社経費と利益を得ることができていたのかは，実際の金額を算出することは難しい。というのも，実際には案件Bは受注できていないからである。どこまでいっても，「請負者の予想する金額」となる。そこで，実際の金額と全く一致するわけではないが，計算式が用いられることがよくある。主なものとして，以下の①〜③の計算式を押さえておきたい。

---

①　Hudson formula（ハドソン）
②　Emden formula（エムデン）
③　Eichleay formula（アイヒリー）

　案件Aが納期遅延となり，その結果，案件Bの受注活動にリソースを投入できなくなったがために案件Bを失注した場合を例に，上記①〜③の式を見ていこう。

① Hudson formula

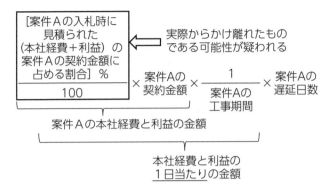

　まず，現在遂行中の案件Ａの契約金額に，本社経費と利益の合計の入札時に決めた割合をかけることで，案件Ａにおける本社経費と利益の金額を算出する。それを案件Ａの契約期間（工事期間）で割ると，１日当たりの本社経費と利益が算出される。これに，案件Ａの遅れた日数をかけると，案件Ａの遅れがなければ請負者が得られたはずの本社経費と利益の金額が出る，というものである。

　イメージしやすいように，実際の数字を用いて考えてみよう。現在遂行中の案件Ａについて，次のような条件であったとする。

契約金額：10億円
入札時の本社経費と利益の合計額の契約金額に占める割合：10％
工期：10週間
遅延：１週間

　これをHudson formulaに当てはめると，次のようになる。

10％/100×10億円÷10週間×１週間＝0.1億円＝1,000万円

　つまり，請負者は，案件Aが1週間遅延することで案件Bを受注できなくなった場合には，本社経費と利益分として，1,000万円を得られなくなるという計算結果となる。

　この計算式はとてもシンプルなので，請負者はついこれを使いたくなる。また，一見，そうおかしな計算式でもないように思えるかもしれない。しかし，最近はこの計算式は否定されることが多いようである。その理由は，以下のようなものである。

Hudson formulaへの批判

・本社経費と利益の契約金額の「入札時の割合」を用いているが，「工事完成時」に「入札時」の割合分の本社経費と利益が出ているとは限らない。つまり，「入札時」には，契約金額の10％の本社経費と利益が出ると見積っていたが，その後工事が予定どおり進まず，建設費用がかさみ，その結果，契約金額の1％しか利益が出なかった，ということもある。それにもかかわらず，「入札時」の想定である10％利益が出ることを前提に計算するのは実態とかけ離れている。

・先行する案件Aにおける本社経費と利益の割合と後行の案件Bにおけるそれとが同じであるという前提に立っている。これは，建設案件が市場に溢れていた時代にはそれなりに実態と合致していたかもしれないが，現代には当てはまらないだろう。

　特に，建設契約の請負者の下請は，このHudson formulaを用いて簡単に金額を算出してくるかもしれない。その場合には，請負者は，それでよいのか検討するべきである。

② Emden formula

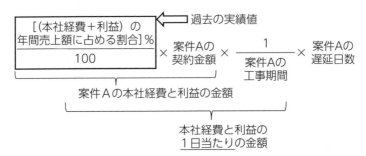

こちらもイメージしやすいように、実際の数字を用いて考えてみよう。

現在進行中の案件Aについて、Hudson formulaに当てはめた条件と異なるのは、本社経費と利益として、「入札時」のものではなく、実際の結果を使う点である。ここでは、請負者の1年間の総売上金額に占めるその年の本社経費と利益の割合（5％）を用いている。

契約金額：10億円
1年間の総売上額に占めるその年の本社経費と利益の割合：5％
工期：10週間
遅延：1週間

これをEmden formulaに当てはめると、次のようになる。

5％/100×10億円÷10週間×1週間＝0.05億円＝500万円

つまり、請負者は、案件Aが1週間遅延することで案件Bを受注できなくなった場合には、本社経費と利益分として、500万円を得られなくなるという計算結果となる。

この計算式は，Hudson formulaよりは実態に即したものだといえる。というのも，Hudson formulaとは異なり，計算式で用いる本社経費と利益の割合は，請負者の年間の事業における実際の本社経費と利益から持ってきているからである。これにより，Hudson formulaへの批判である「案件Aの入札時の数字は楽観的すぎる」は当たらず，合理性は高まっているといえる。もっとも，実際と同じとまではいえないという批判がある。

③ Eichleay formula

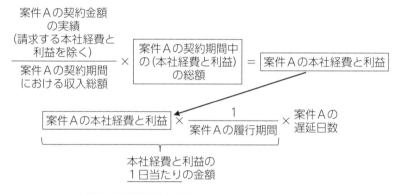

こちらもイメージしやすいように，実際の数字を用いて考えてみよう。

案件Aの契約金額（請求する本社経費と利益を除く）：9億円

案件Aの契約期間中に請負者が得た収入の総額（請負者のすべての事業から得られる収入総額）：50億円

案件Aの契約期間中に請負者が得た本社経費と利益の総額（請負者のすべての事業から得られる本社経費と利益）：5億円

工期：10週間

遅延：1週間

　これをEichleay formulaに当てはめると，次のようになる。

　9億円÷50億円×5億円÷10週間×1週間＝0.09億円＝900万円

　つまり，請負者は，案件Aが1週間遅延することで案件Bを受注できなくなった場合には，本社経費と利益分として，900万円を得られなくなるという計算結果となる。

　この計算式は，問題となっている案件Aの本社経費と利益を，入札時の割合でもなく，年間の実績値でもなく，案件Aの契約期間中の請負者のすべての収入から得られる本社経費と利益の合計から算出している。よって，この3つの中では最も実態に即しているといえるかもしれない。ちなみに，③は特に米国で好まれているようである。

　英国プロトコルでは，②Emden formulaか③Eichleay formulaを使用することを推奨している。

　また，2つ以上の計算式を用いて，算出された金額を突き合わせることで，金額の妥当性を示すことも行われているようである。

　上記のどの計算式を採用するべきかについて，契約締結後に契約当事者間で揉めることを避ける方法がある。それは，契約締結段階で，本社経費と利益についていくらとするのかのベースを合意しておくことである。つまり，「1日当たり○米ドル」とするとか，または，使用する計算式を合意しておくのである。

　ただ，事前に「1日当たり○米ドル」と合意しておくことにも難点がある。本来，請負者は，建設コストと利益の割合を発注者にあまり知られたくないと考えているはずだが，この合意をするためには，ある程度その点を発注者に開示しなければならなくなる。これにより，発注者は，請負者が普段，どの程度の割合を利益として契約金額に含ませているのかを契約見積段階で知ることになる。その結果，「見積金額にそんなに利益を計上しているのか。もっと値下げさせられるな」と発注者が考えるようになる可能性もある。

【理解度確認問題】

> 　同時遅延の場合に請負者に生じた追加費用の扱いについて，英国プロトコルは，［①］を除き，請負者は発注者に対して請求できるという考え方を示している。この他に，請負者と発注者で折半するべきという考え方もある。
>
> 　案件Ａの納期遅延によって請負者が得られなくなる案件Ｂの［②］と利益分は，［③］と金額の立証が難しいといわれている。金額を算出するための式はいくつかある。その中の１つの［④］による算定は，案件Ｂで得られたはずとして算出される本社経費と利益分が実際の金額とかけ離れている可能性を否定できないので，最近では実務で認められないリスクがある。

答え：①請負者の原因で生じた分／②本社経費／③因果関係／④Hudson formula

第**4**節

Global Claim

balance of probabilitiesの緩和

　ここまで，納期遅延日数と追加費用金額の算定について，民事訴訟の立証における原則であるbalance of probabilitiesを満たすことを念頭に置いて学んできた。とはいえ，「例外のない原則はない」という言葉があるように，このbalance of probabilitiesにも例外はある。建設案件では，実に多くの仕事が複雑に絡み合い，また，工事期間が長期にわたることから，様々な原因で遅れが生じ得る。その結果，原因と結果の因果関係を立証するのが極めて困難，または不可能な場合もある。たしかに請負者に納期延長を与えるべきだし，それに伴って生じる追加費用も発注者に負担させるにふさわしいと思われるが，立証できないがためにこれを認めないということを厳しく貫くと，今度は発注者に不当に有利な結果となる。そこで，海外での建設案件における裁判や仲裁では，この因果関係の立証について緩和するGlobal Claimという考え方が採用されることがある。ここでは，このGlobal Claimについて詳しく見ていこう。

請負者による発注者への追加費用の請求が認められるための条件

　前提として，請負者が発注者に対して追加費用を請求できるのは，以下の場合に限られる。

> (1) 発注者の契約違反により，請負者に損害が生じた場合
>
> (2) 発注者の契約違反ではないが，契約上，請負者に生じた追加費用を発注者に請求できる旨が定められている場合

まず，(1)については，どの国の法律にも定められているいわゆる損害賠償の原則によるものである。つまり，契約に違反した契約当事者は，相手方が被った損害について賠償する責任を法律上負う。

次に，(2)については，例えば，仕様変更，法令変更，サイトの地下の状況が契約締結時点で想定したものと異なっていたという場合について，通常，契約には，そのことで請負者に生じる追加費用を発注者が負担する旨が定められている。つまり，契約上の権利としての請求である。

そして，請負者が追加費用を発注者に請求するためには，上の(1)または(2)に該当することを証明する必要がある。つまり，立証責任は請負者が負う。ここで，立証しなければならないことは，大きくは以下の2つである。

> ① 原因と結果の因果関係
>
> ② 追加費用の金額

上の①原因と結果の因果関係とは，例えば，発注者の契約違反によって追加費用が生じたことや，発注者が求めた仕様変更によって追加費用が生じたことなどである。一方，②の追加費用の金額とは，実際にいくらの金額が追加で生じたのか，ということである。

建設契約における立証の難しさ

建設工事では，仕事が当初予定していたスケジュールどおりに進まないことは頻繁に起こる。ときには，同じ期間中に複数の事象が生じ，それによって工事が遅れること，そして，追加費用が生じることがある。このような場合でも，

原則として，請負者には，原因と結果についてbalance of probabilitiesに合致した立証をすることが求められる。例えば，以下の図にあるように，請負者に生じた追加費用Aを発注者に請求するためには，それは原因1によるものであること，追加費用Bについては，それは原因2によるものであることを立証しなければならない。

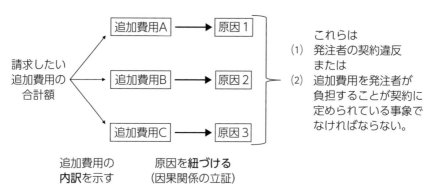

ただ，この原則を貫くと，請負者にとっては大変酷となる場合もある。例えば，追加費用Aと追加費用Bの合計額について，その中のいくらが原因1によるのか，または，原因2によるのか立証するのが困難な場合があるのである。このような場面で，請負者が追加費用（A＋B）をひとまとめにして原因1と原因2によるものとして発注者に請求すること，つまり，因果関係に関する立証が不十分な状態で請求することを，建設業界では一般に，Global Claimと呼んでいる。

このGlobal Claimについては，「一切認めるべきではない」という見解もある。これは，本来，追加費用を被った請負者に因果関係の立証責任があるのだから，因果関係を証明できないにもかかわらず，請負者の請求を認めるべきではない，もしも因果関係の立証がないのに請負者の請求を認めると，それは結局，「発注者が，因果関係がないことを立証できない限り，因果関係はあることになる」ということ，つまり，立証責任を発注者に負わせるということになり，不当だから，という理由である。

これはたしかにもっともな理由である。しかし，海外における裁判や仲裁で

は，必ずしもGlobal Claimであるという理由だけで，請負者による請求が即認められないことが決まる，という扱いにはなっていない。「どのような場合であればGlobal Claimであっても認められるか」は一義的には決まっていないが，「因果関係がないと発注者が証明しない限り，請負者の請求が認められる」というところまではいかない程度で，請負者による因果関係の立証責任が緩和されているようである。例えば，Global Claimが認められるための条件として，以下の２つが重要なものとして挙げられる。

第4章 立証 第4節 Global Claim

- Global Claimの中に，個別に原因と結果の因果関係が立証できる部分が含まれているとはいえないこと
- Global Claimの中に，発注者の負担とするべきではない金額が入り込んでいるとはいえないこと

　上記の１つ目の条件はイメージしやすいであろう。因果関係を立証できる部分があるのに，それらも含めて何でもかんでもGlobal Claimだと請負者が主張してくるのは認められない，ということである。重要なのは２つ目である。以下では，２つ目に関係する例を見ながら，Global Claimが認められる可能性を高めるアプローチを学ぼう。

＜具体例①＞

　契約締結時の納期が10月１日であったが，最終的に工事が完成したのは25日遅れの10月26日であった。この25日分について，請負者は納期延長の請求を発注者に対して行い，それはすべて認められた。そこで請負者は，当初の予定よりも建設サイトに長く滞在することになったこの25日分について，発注者に追加費用を請求することにした。この請負者の請求は認められるか。

　この問題について，以下のように考えた人がいるかもしれない。

「納期延長が25日間認められたのなら，その25日間の遅れの原因は，発注者の契約違反，または仕様変更や法令変更など，契約上納期延長を認められる遅れであったということであろう。そうであるならば，この25日間分長く滞在することで請負者に生じた追加費用は，すべて発注者が負担するべきものである」

残念ながら，これは正しくない。

例えば，納期延長が認められた25日間の中には，Force Majeureの影響で遅れた分が含まれているかもしれない。Force Majeureの場合には，請負者による納期延長の請求は認められても，追加費用の請求は認められないのが通常である。よって，Force Majeureによって遅れた日数分については，請負者は発注者に対して追加費用を請求できない。

また，納期延長が認められた25日間の中には，同時遅延となっていた日数が含まれているかもしれない。同時遅延の場合にも，請負者は納期延長を得られるものの，追加費用については，それが請負者の遅れによって生じたものでない点を立証しない限り，追加費用を発注者に請求できないと解釈されることが実務では多いといえる（129頁参照）。そして，一般的に，同時遅延の場合にそのような立証をするのは難しいので，通常は，請負者は同時遅延による納期延長分については，追加費用を得られないであろう。

よって，請負者が納期延長を25日間認められても，その25日間に生じる追加費用を発注者に対して全額請求できるとは限らない。そして，請負者は，自分に生じた追加費用の原因が，(1)発注者の契約違反によるものか，または，(2)発注者が負担することが契約に明記されているものであることを立証しなければならない。

例えば，25日のうち，5日分は請負者にサイトへのアクセス権を与える発注者の義務違反が遅れの原因であり，そこから追加費用が生じたこと，また，別の5日分は，建設サイトの条件が見積り時とは違っていたことによるものであったこと，さらに別の5日間は法令変更によるものであったことなど，原因と結果の因果関係を立証しなければならない。

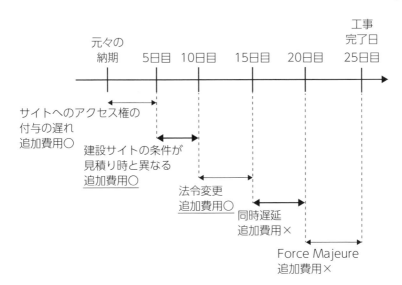

上記は原則である。Global Claimとして追加費用の請求が認められる可能性を増やすために請負者がすべきことは，すべての追加費用についてその原因を特定することはできなくても，例えば上の図でいえば，少なくとも発注者が負担すべきではない事象，つまり同時遅延の遅れとForce Majeureによる遅れの合計10日分の追加費用がGlobal Claimの中から除かれていることを示すことである。その上で，請負者が工事に関する記録を適切に保管していたにもかかわらず，建設サイトの条件が見積り時と違っていたことと法令変更によって生じた追加費用分については，分かち難く，因果関係を立証することが困難であることを示す。このようにすれば，請負者の請求が認められる可能性が高まるだろう。

　では，次の問題はどうだろうか。

＜具体例②＞

> 契約締結時に見積られた総工事費用はＸ米ドルであった。その後，工事が完了
> したときに，総工事費用がＹ米ドルにまで膨れ上がっていた。このことから，請
> 負者は，（Ｙ－Ｘ）米ドルがこの工事中に追加で生じた費用であるとして，発注
> 者に対して請求した。この請求は認められるか。

　この例について，「当初予定していた建設コストよりも，最終的に必要に
なった費用が増えたなら，その差額は発注者に請求できて当然だ」と考える人
もいるかもしれない。しかし，その理解は誤りである。建設コストは，請負者
自身のせいで増えることもあるためである。例えば，請負者が当初10人で10日
かけてできると想定していた仕事について，思ったように作業が進まないため
に，途中から人数を増やしたり，夜間も作業を続けたりしないとスケジュール
に間に合わないという状況になったために，人数を20人に増やし，かつ，3交
代制にして24時間体制で作業を行うようにしたならば，人件費が増える。この
ように人件費が増えた理由が，単に請負者の当初の作業効率の見積りが甘かっ
たということである場合には，請負者はこれによって生じた追加費用を発注者
に請求できない。

　このような費用が例題の（Ｙ－Ｘ）米ドルの中には含まれているかもしれな
い。よって，単純に当初の建設コストと結果としての建設コストの差額を全額
発注者に請求することはできないのである。もしも，請負者がそのような形で
発注者に請求をし，発注者がそれを拒み，その結果裁判や仲裁などで争うこと
になった場合には，次のような判断が下されるリスクさえある。つまり，請負
者が請求した（Ｙ－Ｘ）米ドルの中に，金額を特定できないものの，明らかに
発注者の負担とすべきではない費用が含まれていることが判明したら，裁判官
や仲裁人は，請負者の請求内容に対して多大な不信感を持つことになるかもし
れない。その結果，（Ｙ－Ｘ）米ドルの一部は，たしかに発注者が負担すべき
金額である場合でも，証拠不十分ということで，全額認められない，というこ
とにもなり得る。

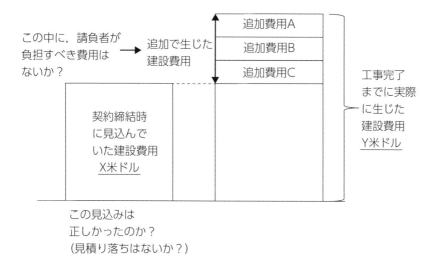

この中に，請負者が
負担すべき費用は
ないか？

追加で生じた
建設費用

追加費用A

追加費用B

追加費用C

工事完了
までに実際
に生じた
建設費用
Y米ドル

契約締結時
に見込んで
いた建設費用
X米ドル

この見込みは
正しかったのか？
（見積り落ちはないか？）

　そこで，Global Claimが認められる可能性を増やすために，請負者は，追加費用A～追加費用Cの合計額の中に，少なくとも発注者が負担すべきではない事象による分が含まれていないことを示すべきである。その上で適切に保管していた工事に関する記録を調べても，原因を区別して示すことが困難である部分があることを示す。このようにすれば，請負者の請求が認められる可能性が高まるであろう。

Global Claimの注意点

　上記の例のように，balance of probabilitiesの原則に従った立証をできなくても，請負者は，あっさりと諦めるべきではなく，一部請求が認められる可能性がある。

　しかし，逆に，このGlobal Claimが認められると安易に頼ることは極めて危険である。というのも，Global Claimが認められるための条件として上に挙げたのは最低限のものにすぎず，そして，世界共通の明確な基準があるわけではないので，常に「因果関係を立証できないなら，追加費用請求はゼロ」と判断されるリスクが請負者にはつきまとうからである。

　例えば，「Global Claimの中に，発注者の負担とすべきではない金額が含まれているとはいえないこと」とは，つまり，発注者から，「具体的にこの金額は発注者が負担するべきものではない」との主張がなされないということを意味する。これを貫くと，本来請負者にある立証責任を発注者に転換することになる。それは立証責任を請負者に課している法律を無視することになる。そこまではいくら何でも認められない。よって，Global Claimは，最低でも，上記2つの条件を満たした上で，立証責任を発注者に転換するものとまではならない限度で認められるにすぎず，それが具体的にどのような場合なのかは一義的に明確にできないので，常にケースバイケースとなる。その結果，Global Claimであるからという理由だけで全額否定されるとはいえないが，逆にすべて認められるとは全くいえず，常にall or nothingのリスクが存在する，という点に注意しよう。

　請負者としては，どの遅れがどの追加費用を生じさせ，その金額はいくらなのかを立証できるように記録を保管するように心がけ，万が一記録に不備があって因果関係を立証できない場合にのみ，やむを得ずGlobal Claimという形で追加費用を請求する，とするべきである。

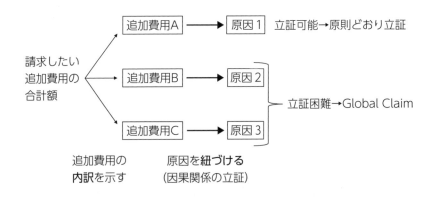

　例えば，追加費用として生じた全額について因果関係を立証しない，というのではなく，そのうちの一部は記録があるから，通常どおり立証し，どうしても立証できない一部についてのみ，Global Claimとする，という方法をとるほうが安全である。実際，英国プロトコルも，概ね次のように述べている。

　「Global Claimは，世界的に認められる傾向にあるが，全額否定されるリスクが常にあるので，安易に頼るべきではない。原則どおり，請負者は原因と結果の因果関係を立証するように記録の保管に努めるべきである」

　なお，ここでは，Global Claimの例として，追加費用金額が問題となる場合を例に挙げたが，それに限らず，納期延長が問題となる場合も同様に考えることになる。つまり，納期に遅延を引き起こす原因が複数あり，どの原因が何日遅延を引き起こすか区別できない場合には，請負者は立証できるものは立証した上で，さらに，納期延長が認められない事象が原因である部分は納期延長請求の中から除くように努めなければならない。

【理解度確認問題】

・納期延長が認められても追加費用が認められない典型的な場合とは？→①

・追加費用を発注者に請求する場合の立証すべき事項とは？→②

・Global Claimとは？

　→複数の原因で仕事が遅れた場合に，それぞれの原因と結果との間の因果関係の立証が困難またはできない状態で請負者が発注者に請求するもの。Global Claimであるという理由だけで請求が全額否定されるものではないが，発注者に［③］を転換しない範囲で認められるにすぎない。Global Claimが認められる条件は一義的に明確ではないが，最低限，Global Claimの中に，「④」と「⑤」を示すことが重要となる。

答え：①Force Majeureと同時遅延／②原因と結果の因果関係/追加費用金額　／③立証責任／④個別に立証可能な部分が含まれていないこと／⑤発注者の負担とされるべきものが含まれていないこと

コラム④〜社会人にお勧めの勉強〜

　最近は，社会人の中で，ちょっとした勉強ブームが起こっているようです。働きながら大学に通いたいという人も多いと聞きます。ただ，「一体何を勉強するべきか」で結構悩むそうです。そんな人に私がお勧めする勉強は，この節の中でも触れた「因果関係」の勉強です。

　筆者が最近興味を持っているのは，日本でここまで禁煙ブームが広がった原因です。筆者が子供の頃は，街中には，煙草を吸いながら歩いている大人であふれていました。企業の重役の中にも，煙草を吸っていた方は大勢いたと思います。そうだとすると，社内が禁煙になどなりそうになかったように思えます。しかし，2006年当時，すでにオフィスで煙草を吸うことは禁止されていました。そのうち，2018年頃には，居酒屋でさえ禁煙になり，2020年頃には，ほとんどの喫茶店で全席禁煙となりました。一体，この巨大な変化はなぜ実現されたのでしょうか。

　会社員は，成果を出すことを求められています。成果を出すとは，現状を変えることです。しかし，会社員なら誰もが知っていることですが，どんなに小さなことでも，変えるのは簡単なことではありません。だから，変え方を知ることは，大きな武器になるはずです。そんなときに，過去に何かが変わった出来事があるなら，それは参考になるのではないでしょうか。つまり，何をしたから，今，こう変わった，という物事の因果関係を学ぶのです。幸い，世の中にはこれまで，数多くの何かを変えた事例が歴史上存在しています。それらの事象を学べば，自分が何かを変えるためになすべきことのヒントがつかめるかもしれません。A案がダメなら，B案。それもダメならC案と様々な打ち手を考える際に，より効果の出そうなものへの嗅覚が働くようになり，少ない失敗で成果へと到達できるようになるかもしれません。

　また，因果関係の勉強をすると，おそらく，次のことにも気がつくようになります。つまり，後から見たときにはどんなに大きな変化も，最初は小さな一歩からだったということ。もう1つは，それでも，自分には，どうしても変えられないことがあること。

　最初の気づきは，自分にも何がしかを変えられるかもしれないという勇気を与えてくれるでしょう。後の気づきは，私たちに，時間をかけても無駄なものを見

分ける力を与えてくれるはずです。そして，変えられないものを受け入れる力を得られれば，自ずと変えられるものに集中的に時間をかけることができるようになります。

　今日から，いちいち，「なんでそうなったの？」と自問してみてはいかがでしょうか。そして，会社を出たら，興味の赴くまま，書店なり，Webなりで研究するのです。続ければきっと，そういった活動が生活における楽しみの１つになると思います。これは，今から大学に通い直すとか，資格試験の勉強をするなどといったことよりも，ずっと手軽で，かつ，効果のある勉強であると筆者は思います。

特殊なケース

　ここまでは，一般的な納期延長と追加費用の請求に関する解説であった。この一般的な扱いに当てはまらない事項がある。それが，disruption，change/variation，そしてaccelerationである。

　これらは一般的な扱いとは異なると述べたが，実際の建設案件で滅多に生じないものではなく，むしろ，頻繁に生じている。そして特に，disruptionによる追加費用（disruption cost）については，多くの請負者が取りこぼしている事項と考えられている。それは，立証の難しさによるとされている。ここでは，これまで回収が困難であるために諦めていたかもしれない事項について，今後はしっかりと回収できるように，立証の難しさとそれを克服するための注意点について学ぶ。

第 1 節

disruption claim

【仕事Xに遅れが生じた場合のフロー】

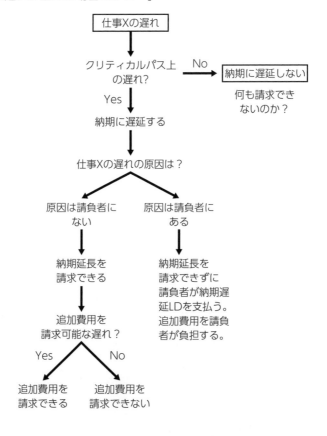

Disruptionとは？

　ここまで，クリティカルパス上の仕事に遅れが生じた場合に，請負者が発注者に納期延長と追加費用を請求する際の条件とその注意点について見てきた。ここまでの解説により，多くの読者の方々は，次のように感じているかもしれない。

　「請負者が，発注者に対して納期延長や追加費用の請求を行うためには，前提として，納期遅延，つまり，クリティカルパス上の仕事に遅れが出るような事象が生じなければならない」

　このように理解した方が多くても，それはしかたがない。ここまでの解説では，クリティカルパス上の仕事に遅れが発生 → 納期遅延が生じる → 発注者に対して納期延長の請求をする → 請負者が予定よりも建設サイトに長期間滞在することで追加費用が生じる → 発注者に追加費用を請求する，という例しか取り上げてこなかったからである。また，建設契約の実務を経験されている方でも，このような形でしか発注者に納期延長と追加費用を請求したことがない，というのが通常かもしれない。

　しかし実は，この理解は，半分は正解だが，半分は間違っている。まず，請負者が発注者に対して納期延長を請求できるのは，たしかに，クリティカルパス上の仕事Ｘが遅れた場合のみである（これには，最初は仕事Ｘがクリティカルパス上になくても，後にクリティカルパス上の仕事に変化する場合を含む）。というのも，納期に遅れが生じない限り，納期延長を求める必要がないからである。

　一方，請負者に追加費用が生じるのは，必ずしもクリティカルパス上の仕事に遅れが生じる場合に限られない。

　例えば，お互いに独立した仕事ａと仕事ｂがあったとする（つまり，どちらかを先に行わなければ片方を始められないという関係にはなく，それぞれ別々に進めることができる仕事という意味である）。

　ここで，当初，請負者は，契約締結から１か月間で作業員グループＡが仕事

aを行い，契約締結の1か月後から別の作業員グループBが仕事bを行う予定であった（次頁の図の1段目）。

しかし，発注者がサイトへのアクセス権を請負者に与えるのが，予定よりも1か月遅れたとする。このため，請負者は，仕事aを開始するのが予定よりも1か月遅れた。

一方，仕事bは，当初の予定どおり，つまり，契約締結から1か月後から開始した（図の2段落目）。仕事bは仕事aが終わらなくても始められるものなので，仕事aの遅れは仕事bの開始時期に影響を与えていない。

ここで，建設サイトに入れるようになって最初の1か月間は，作業員グループAとグループBが同時に建設サイトで仕事をすることになった。その結果，建設サイトは，作業員グループAだけで仕事をする場合よりも，作業員グループBがいる分，混み合うことになった。それにより，作業に必要な材料を運ぶのも，作業そのものも，作業員Aグループだけで作業を行う場合よりも，やりにくい，つまり，作業の進行スピードが落ちた。

その結果，作業員グループAも，グループBも，当初1か月間で行う予定だった仕事に2か月かかった（図の3段落目）。

これは，作業員グループAとグループBの作業効率（productivity）がそれぞれ当初の予定の半分になってしまったということである。

作業効率が落ちることで，請負者には追加費用が生じ得る。というのも，請負者は，当初の予定では，作業員グループAに1か月分の労働の対価を払うだけでよかったのに，2か月かかったので，より多く支払わなければならなくなるのが通常だからである。

上の例では，発注者による建設サイトへのアクセス権の付与が遅れたことで，請負者による仕事aの開始時期が遅れた，つまり，仕事の遂行が妨害されたといえる。このような「クリティカルパス上のものであろうとなかろうと，請負者の仕事が何らかの原因で滞り，その結果，請負者の仕事の効率が落ちること（loss of productivity）」をdisruptionと呼ぶ（disruptionを辞書で引くと，「混乱，中断，途絶」という意味）。そして，disruptionによって作業効率が落ちたことで請負者に生じた追加費用はdisruption costと呼ばれている。

【Disruptionの例】

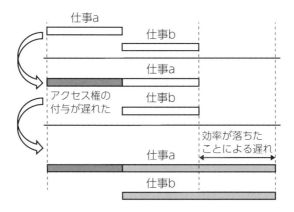

　ここで重要となるのが，仮に仕事ａがクリティカルパス上の仕事ではなく，かつ，１か月で終える予定が２か月かかった場合で仕事ａのフロートを消化しただけで済み，納期に影響を与えるものではなかったというときでも，作業員グループＡの作業効率が半分に落ちたことで，請負者には追加費用（disruption cost）が生じている点である。つまり，納期遅延が生じなくても，請負者には追加費用が生じているのである。そこで，このdisruption costは誰が負担するべきかが問題となる。

　上の例では，disruption costが生じた原因は何かといえば，それは，そもそも発注者が建設サイトへのアクセス権を請負者に与えるのが１か月遅れたことである。それによって作業Ａと作業Ｂを同時に行わなければならなくなり，サイト内が混雑したためである。よって，これは発注者の契約義務違反に原因があるといえる。契約義務違反によって相手に生じた損害は，違反した当事者が負担するべきというのは，どの国の法律にも定められている基本的なルールである。つまり，発注者による請負者の仕事の妨害があった場合には，請負者は自身が被る追加費用を法律に基づき，損害賠償として請求できる。

　これに加えて，請負者の仕事の遂行を妨げる事象（法令変更など）について，「請負者は発注者に対してdisruption costを請求できる」旨が定められていれば，その条文に基づいて請負者はdisruption costを発注者に請求できる。しかし，筆者の経験上，契約書中にこのような文言が明記されていることはあまり

ない。納期遅延によって請負者に生じる追加費用（prolongation cost）の請求権について定める条文が，このdisruption costの請求もカバーしていると解釈できる場合もあるようだが，disruption costを請求できる点が明記されていないと，disruption costを発注者に請求できるのか否かについて，発注者との間で争いになる可能性がある。

　上に挙げた例をみて，以下のように勘違いしてしまった人もいるかもしれない。

　「disruptionによる仕事Xの作業効率の低下が問題になるのは，仕事Xがクリティカルパス上にない場合に生じる追加費用についてだけである」

　しかし，この理解は誤りである。たしかに，作業効率の低下は，そのようなクリティカルパス上にない仕事に生じた場合の追加費用の問題としてクローズアップされることが多い。しかし，これは，「追加費用請求がなされるのは，通常，納期遅延が生じる場合，つまり，クリティカルパス上の仕事Xが遅れた場合」が多いため，「追加費用請求がなされるのは，必ずしもそういう場合に限ったことではない」ということを強調して解説しようとしているためである。仕事Xの作業効率の低下は，仕事Xがクリティカルパス上にある場合にも生じる。こちらも例を見てみよう。

　今，仕事a～cがあり，仕事aと仕事cがクリティカルパス上の仕事，そして仕事bはクリティカルパス上にはない仕事だったとする（次頁の図の1段目）。

　仕事aは，契約締結と同時に発注者がサイトへのアクセス権を請負者に与えることになっていたが，これが発注者の原因で遅れた。これにより，仕事aの開始時期がそれだけ遅れ，それは仕事cも遅らせ，結果として納期に遅れることになった（図の2段目）。

　ここで，仕事bは，契約締結から1か月後に開始されたが，仕事aと同時に行うことになり，作業エリアがほぼ同じだったことから，仕事aも仕事bも当初予定していたものより作業効率が落ちた（図の3段目）。その結果，次のようになった。

仕事a：発注者が建設サイトへのアクセス権を請負者に対して与えるのに遅れた
ことそれ自体が納期に生じさせた遅れは1か月だったが，仕事aと仕事bの作業
エリアが重なったことで作業効率が落ち，その結果，さらに1か月遅れることに
なった。

仕事b：仕事aと作業エリアが重なったことで作業効率が落ち，その結果，予定
よりも1か月遅れることになった。

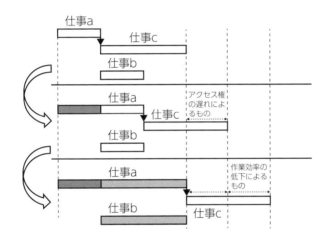

第5章　特殊なケース　第1節　disruption claim

これは，①発注者によるアクセス権付与の遅れが原因で生じた仕事aの遅れ
が納期の遅延を引き起こし（第一の納期遅延：図の第2段目），その上，②仕
事aの作業効率の低下というdisruptionをも引き起こして，このdisruptionが
さらに納期に遅延を生じさせた（第二の納期遅延：図の第3段目）というケー
スである。これの何が重要なのかというと，請負者は，第一の納期遅延につい
て，納期延長の請求をし，その後，disruptionによって生じた第二の納期遅延
についても，納期延長の請求をする権利がある，という点である。

さらに，第一の納期遅延と第二の納期遅延分について納期延長が得られた場
合には，その延長された期間に生じる追加費用として，サイト滞在費用やボン
ド保証料・保険料などのいわゆるprolongation costに加え，効率低下によって
生じるdisruption costも請求できる可能性があるという点である。

ここまでの解説をまとめると，次のようになる。

作業効率の低下が生じた場合，請負者は，

・作業効率の低下によって納期遅延が生じる場合には，発注者に対して，納期延長と追加費用を請求できる場合がある。このときの追加費用としては，請負者が予定よりも長い期間建設サイトに滞在することで生じるprolongation costと，作業効率が低下することで生じるdisruption costがある。

・作業効率の低下によって納期遅延が生じなくても，追加費用（disruption cost）を請求できる場合がある。

　ただ，このdisruptionの場合については，①その金額と②原因と結果の因果関係を立証することが大変難しいため，実務では，あまりdisruptionに基づく発注者に対する請求はうまく行っていないというのが現実である。そして，それを考慮してなのか，建設案件の納期延長と追加費用請求に関して扱っている海外の参考書では，このdisruptionについてはあまり触れられていないものや，全く触れられていないものさえある。

　しかし，このdisruptionによって請負者に生じる納期への影響および追加費用は小さなものであるとは限らない。ある調査では，disruptionが30分以上生じると，その日1日の作業効率が20〜40％低下するケースもあるという。また，工事を遂行中に適切に記録を保存していれば，上記に挙げた①と②を立証することも不可能ではない。よって，以下では，もしかしたら，これまでは発注者に対してあまり請求してこなかった，または，請求したくてもできなかったdisruptionに基づく請求について詳しく見ていこう。

立証の難しさ

disruptionに関する上の例を見て，こう感じた方も少なくないかもしれない。

「disruption claimは，請負者が被るdisruption costの立証が難しいとの説明

があったが，簡単なのではないか。例えば，上の例なら，効率が半分になった
のなら，費用は2倍になる，ということで立証は済むのではないか」

　たしかに，本当に効率が半分になったというのなら，ご指摘のとおりである。
しかし，本当に半分になったのだろうか。半分になったと思う根拠は，「請負
者が，仕事aを当初1か月で終わらせる予定だったのに，結果として2か月か
かった」という記載にあると思われる。しかし，「1か月で終わらせられたは
ずだ」というのは，そもそも真実なのだろうか。例えば，本当は，1か月半か
かった仕事なのに，契約締結時に請負者が1か月で終わるはずだと考えてスケ
ジュールを作成しただけで，実際には，disruptionが生じていなくても，1か
月では終わらず，1か月半かかっていたかもしれない，とはいえないだろうか。
　これが，disruption claimの立証の難しさの1点目である。仕事Xの効率が
実際にどれだけ落ちたのかを証明するためには，「disruption後の仕事Xの実
際の作業効率」と比較するのは，「仕事Xの入札時に予定していた効率」では
なく，「disruptionがなかった状態で仕事Xをした場合の現実的かつ達成可能
な効率（realistic and achievable productivity）」でなければならない。そして，
そのための一番よい方法は，「同じ工事の中で，請負者が仕事Xと同じ作業
（似た作業）を何日で終わらせることができたのか」という実績値を用いるこ
とである。しかし，そんなに都合よく，同じ仕事があるだろうか。これがなか
なかない。仮に作業自体が同じでも，作業を行う際の条件・環境が違っている
場合がほとんどであろう。
　最も簡単な比較の例は，仕事Xを遂行中にdisruptionが生じた場合である。
この場合，disruptionが発生する前と後で，作業効率を比較すればよい。

▌learning curveに注意

　もっとも，比較する際に気をつけたいのが，learning curveである。やり始
めの期間は，「やり方を学んでいる」期間ということで，learning curveと呼
ばれる。物事はやり始めの時よりも，ある程度同じ作業を継続してそれに慣れ
た頃のほうが早く進む。よって，仕事Xのlearning curveの途中にある期間と，

仕事Ｘのlearning curveを抜け出た期間とでは異なる効率となる。作業効率を比較する際は，両者がlearning curveを抜けた期間同士を照らし合わせるようにしよう。

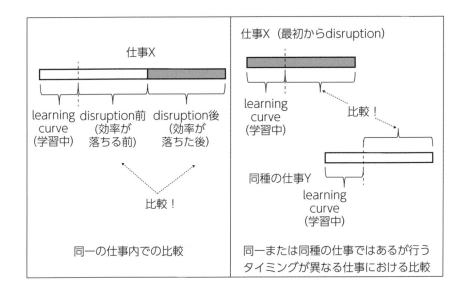

では，同じ工事内で，同じ仕事がない場合には，もはやdisruptionに基づくクレームは認められないのか。そんなことはない。例えば，請負者が受注した別の建設工事の中で，同じ仕事があれば，それを比較の対象とする方法が考えられる。もっとも，この場合には，同じ条件なのか，という点で疑問が生じるので，調整が必要になる。

しかし，それすらなかったら……。その時は，disruptionが仕事に与える影響について業界団体などが公開しているデータを使う方法もある。例えば，米国には，MCAA（Mechanical Contractors Association of America）という組織があり，そこが16個のカテゴリーに分類したdisruption事象について，作業効率が落ちる程度をminor，average，そしてsevereの３段階に分けて示している。このデータは裁判や仲裁などでも用いられているが，請負者の実際の仕事から得られたデータではないので，こういった業界団体のデータを使用する

のはやむを得ない場合とするべきであり，また，常にその使用が認められるわけではないという点は注意してほしい。

このように，disruptionが生じた仕事と同じ，または同種の仕事を比較してどれだけ作業効率が落ちたのかを算出する方法を，measured mile methodと呼ぶ。これは，建設業界でdisruptionにおける請求内容を立証する際に最も信頼性があると評価されている手法である。裁判や仲裁でもよく採用されている。

> **参考　〜measured mileとDelay Analysisの関係〜**
>
> disruptionがクリティカルパス上の仕事に影響を与えない場合には，measured mileはdisruption costを算出するためにのみ用いられる。しかし，disruptionがクリティカルパス上の仕事Xに生じ，その結果納期に遅れを生じさせる場合には，Delay Analysisを補完するものとしてmeasured mileが用いられることになる。つまり，measured mileによって作業効率がどれだけ落ちたのかを算出し，そこから，どれだけ作業が遅れたのかを証明する。そうして出た遅れを，採用するDelay Analysisの手法に当てはめることで，最終的に納期遅延がどれだけ生じるのかを導き出し，そして，納期延長日数を決める。

因果関係の立証

disruption costの立証の難しさの2点目は，原因（cause）と結果（effect）の因果関係についてである。

まず，発注者の契約違反，または，契約上，請負者がdisruption costを請求できる場合であると明記されている事象が発生することが必要になる。これが原因である。そしてその事象が請負者のある仕事にdisruptionを引き起こし，作業効率を低下させ，その結果，仕事Xが遅れたことや追加費用が生じたことを示す必要がある。

157頁の例では，最初に発注者の請負者に対するサイトへのアクセス権の付与の遅れという契約違反があり，それがサイト内での混雑を引き起こし，その

結果作業員グループＡの作業効率が落ちたというケースであった。例題である
から，もともと因果の流れがこのようであった，という前提である。しかし，
現実の世界では，このようにきれいに因果の流れを示すことは難しいことがよ
くある。例えば，請負者は，予定よりも１か月遅れでサイトへ入り，作業Ａを
開始する。最初の数日間は，予定よりも効率が悪いのかどうか気がつかないか
もしれない。10日ほど作業をした結果，「何かがおかしい。予定よりも進捗が
遅い」と感じる。なぜだろうと考えて現場をよくみると，作業員グループＡは
しっかりと仕事をしている。怠けているような作業員は１人もいない。そのた
め，進捗が予定よりも遅れている理由はすぐには気がつかないかもしれない。
もしかすると，作業を初めて間もないので，作業や現場に慣れていないためだ
ろうか，と思うかもしれない。つまり，自分たちに原因があると考えてしまう
かもしれない。それでも20日が過ぎた頃，やっぱり進捗ペースが上がらない，
というより，一層効率が落ちている，なぜだ，と感じ始める。そこでもっとよ
く作業の様子を観察したところ，どうやら，作業員グループＢと作業スペース
を共有しているために，作業がやりにくい，という声が作業員グループＡの一
部から上がってきた。このときになって，ようやく，当初の予定では作業Ａは
作業員グループＡだけで行うはずだったのに，今は作業員グループＢと狭い中
で遠慮し合いながら仕事をしていて，それによる影響かもしれないと感じ始め
た。

　その後，作業開始後25日目〜30日目に連続して雨が降り，その結果，サイト
の地面がぬかるんで，そのためか，一層作業効率が落ち始めた。ここでポイン
トとなるのは，単に雨が降ったことで作業効率が落ちても，それは納期延長の
請求の根拠にも，disruption costを請求できる根拠にもならないことである。
その理由は，この雨が原因で仮に納期に遅れが生じても，単なる雨はForce
Majeureには該当しないので，納期延長も，disruption costも請求できない。
すると，もしもこの雨によって効率が落ちた可能性があるならば，この雨の影
響で生じる遅れや追加費用分は，請負者から発注者への請求内容から除かなけ
ればならない。しかし，果たして，作業Ａの効率が落ち，当初１か月を予定し
ていた作業が結果として２か月かかった場合に，そのうちの何日が雨の影響な
のかを示すことができるだろうか。少なくとも，簡単な立証ではないであろう。

さらに，仕事ａを遂行期間中に，例えば，作業員グループＡが宿泊している場所の付近で夜な夜な騒音があり，そのために作業員が寝不足となり，そのため疲労が蓄積し，その結果として作業効率が落ちた部分もあったとしたら，これは通常，発注者に追加費用を請求できる事象とは考えられていないので，この分の作業効率の低下分も発注者に対する請求内容から除く必要があるかもしれない。こうなると，ますます立証は難しくなる。

【複数の理由によるDisruptionの例】

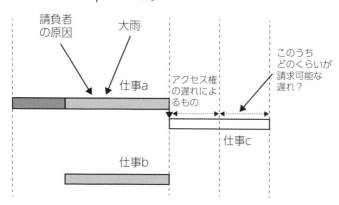

このように，たしかに，disruptionを引き起こす可能性のある発注者の契約義務違反はあるものの，それと作業効率の低下，特に，具体的にどのくらい効率が落ち，その結果生じた追加費用との間に因果関係があると立証するのは簡単ではない，とご理解いただけたかと思う。

Disruption costの立証の難しさへの対策

(1) いかなる事象がdisruptionとなり得るのか

disruption claimを適切に行うためには，前提として，「何がdisruptionを引き起こし得るのか」を知っている必要がある。これを知らないと，「予定よりも仕事が遅れているが，理由が全くわからない」となり，契約に定められてい

る請負者が追加費用を発注者に対して請求するべき期間が経過してしまい，その結果，請求する権利自体を失ってしまう。以下に，請負者の作業効率を下げ得る事象の例を列挙する。

---

① acceleration（183頁を参照）→ 疲労の蓄積・サイトの混雑など
② 長期間にわたる残業 → 疲労の蓄積による肉体・精神への影響
③ 繰り返される作業中断 → learning curveがその都度繰り返される。
④ 仕様変更
⑤ 設計図面の誤り・提供される情報の不足 → 作業員のモチベーションの低下
⑥ 熟練工が使えなくなった → 未熟者による作業
⑦ サイトへのアクセスが滞る → 大きな建設用機器を搬入できなくなる。

---

(2) measured mile methodを行うために必要となる記録を保管しておく

202頁を参照。

(3) 専門家による鑑定を依頼する

measured mileは，「何が同種の仕事といえるか」という点が重要となる。発注者は，当然，「それは同種の仕事ではないので，比較の対象としてふさわしくない」と主張してくる。この主張に対する反論として効果的なのは，専門家のアドバイスに基づいてmeasured mileを実施した，というものである。

measured mileは，disruption claimを行う際に，建設業界でよく用いられる手法である。よって，実際にこの手法をしたことがある経験者がどこかにいるはずである。仲裁人や弁護士，さらには会計士として関わったことがある人達がいる。そこで，そういった経験者にその都度アドバイスを得ながら，measured mileを行う。そして，その専門家の方に「今回行われたmeasured mileが具体的にどのようなやり方で行われたのか，それがどういう理由で適切だといえるのか」という意見書を書いてもらい，それを発注者へのdisruption

claimに添えて提出する。こうすることで，①専門家の意見書があることで
measured mileの結果に対する信頼性が高まり，また，②実際に専門家のアド
バイスに従っているので，客観的にも論理的で合理性のある方法でなされるこ
とになり，裁判や仲裁で認められる可能性が高まる。

⑷　因果関係の立証は，最後はGlobal Claimで行う

　disruptionは，必ずしも１つの事象に起因するとは限らず，複数の事象から
生じることも少なくない。また，その複数の事象の中には，請負者に原因があ
るものも含まれているかもしれない。発注者へのdisruption claimが認められ
るのは，発注者が責任を負うべき事象が原因である場合に限られるので，原因
と結果についての因果関係を立証することを求められるのが通常である。しか
し，それが難しい，または不可能である場合があることは，165頁で述べた。
しかし，完全にdisruption claimが否定されるというのは請負者にとってあま
りに酷である。そのような場合には，Global Claimが認められる余地がある
（142頁を参照）。請負者としては，因果関係を厳格に立証できない場合でも，
Global Claimによって一部でも認められる望みがあるので，簡単に諦めないよ
うにしよう。

170

170

【理解度確認問題】

仕事Xにdisruptionが生じた場合には，仕事Xがクリティカルパス上になくても，［①］が低下したことで請負者が被る追加費用を発注者に対して請求することができる可能性がある。

納期遅延を引き起こす原因となった仕事Xに生じた遅れが，仕事Yにdisruptionを引き起こすこともあるし，逆に仕事Yに生じた［②］が［③］を引き起こすこともある。

仕事Xに生じたdisruptionによって請負者が被る追加費用の金額を立証するためには，「disruption後の仕事Xの実作業の作業効率」と比較するのは，「仕事Xの［④］に予定していた作業効率」ではなく，「disruptionがなかった状態で仕事Xを実施した場合の［⑤］な作業効率」でなければならない。この方法をmeasured mileと呼ぶ。

measured mileで最も望ましいのは，［⑥］で比較することで，それがない場合には，［⑦］で，それもない場合には，［⑧］を使用することになる。

原因と結果の因果関係の立証が困難である場合には，請負者は，［⑨］に基づくことも考えるべきである。

答え：①仕事の効率／②disruption／③納期遅延／④入札時／⑤現実的かつ達成可能／⑥同じ案件中の同種の仕事／⑦異なる案件中の同種の仕事／⑧業界団体が公表しているデータ／⑨Global Claim

第2節

仕様変更
(Change（米国）/Variation（英国）)

仕事Xに遅れを引き起こす事象が発生した場合の納期延長と追加費用の請求に関する手続は，75頁以降に記載したが，ここで簡単におさらいすると，次のようなものとなる。

- ・その事象が発生したことについて請負者が知り得てから契約に定められている期間内に発注者に「通知」する。
- ・その後，契約に定められている期間内に，請負者は納期遅延日数および追加費用金額を算出し，発注者に対して「請求」する。
- ・発注者は，請負者からの請求を受けて，検討し，必要に応じて両者協議を行い，最終的に合意する。
- ・合意に至らない場合には，紛争解決方法へと進む。

一方，仕様変更（change/variation）と呼ばれるものの場合には，請負者が発注者に対して納期延長や追加費用を請求し得るという点については同じであるが，上記の流れとはやや異なる部分がある。そこで，以下では，この仕様変更の手続と注意点について見ていこう。

(1) 仕様変更とは

契約締結時に，発注者と請負者は，契約当事者間の権利・義務を定めるいわゆる商務条件書に加えて，技術的な内容が定められている仕様書についても合

意する。仕様書とは，英語ではspecificationsと書く（通常，sがついて複数形となる）。この仕様書には，請負者が発注者のために建設しなければならない建物・プラントの性能や機能が明記されている。この仕様書は，検収の前後で異なる役割を果たす。

　まず，検収前の段階では，仕様書は，請負者が建設した建物を発注者に検収してもらうための条件を示すという役割がある。つまり，請負者は，この仕様書の要求に合致する建物を建設すればよく，もしも建設した建物が仕様書の要求を満たさない場合には，満たすまで何度でも建設し直さなければ発注者に建物を検収してもらえないことになる。

　一方，検収後の段階では，請負者の保証責任の有無の判断基準としての役割がある。つまり，検収後から始まる保証期間（契約不適合責任期間）中にこの仕様書に合致していない部分が発見された場合には，請負者はその部分を無償で修理・交換する責任を負う。

【仕様書の役割】

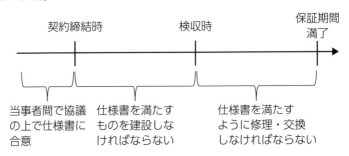

　このような役割を果たす仕様書について，契約締結後から検収までの間に，発注者が変更するように請負者に求めることがある。これが，仕様変更と呼ばれるものである。仕様変更で変更される主なものは以下のようなものである。

---

① 設計（design）
② 物量（quantity）

③　品質（quality）

④　仕事の条件（conditions）

⑤　仕事の順番（sequence）

　発注者が仕様変更を求める権利は，通常，どの国の法律にも定められていない。そのため，締結した建設契約書に仕様変更に関する定めがなければ，法律上も契約上も仕様変更をする義務を請負者は負っていないことになるので，発注者からの仕様変更の要求を拒否できる。しかし，通常，建設契約には，この仕様変更の手続が明記されている（少なくとも筆者は，仕様変更に関する条文が何ら定められていない建設契約を，国内外の案件を問わず，これまで見たことがない）。契約書に仕様変更の定めがある場合には，発注者が仕様変更を求めたら，求められた仕様変更を実施することが技術的に不可能な場合や，安全性を損なう場合を除き，請負者は原則としてその求めに従わなければならない。つまり，「仕様変更したくない」と拒絶することは許されないのが通常である。一般的な建設契約に定められている仕様変更の手続は，以下のようなものである。

① 発注者が，請負者に対して，仕様の一部を変更するように書面で通知する（もしも発注者から口頭で求められたら，書面で提出するように発注者に求めるべき）。

② 請負者は，仕様変更を実施することで生じる影響を検討し，もしも技術的に不可能な場合や建設物の安全性を脅かす場合には，理由を添えて，仕様変更を拒絶する旨を発注者に回答する。

③ 請負者は，契約書に定められた期間内に，その仕様変更を実施することで(i)納期にどのような影響が出るか（Delay Analysisを実施した結果を示す），(ii)追加費用としていくら必要になるか（prolongation costやdisruption costのみならず，材料費，労務費，外注費などのdirect costを含む），(iii)その他変更するべき契約条件を書面で発注者に回答する。

④ 発注者は，請負者から送付された回答を検討した上で，仕様変更を実施するように求めるか，それとも撤回するかを決める。もしも実施する場合でも，③の(i)〜(iii)について同意できない点があれば，その点について請負者と協議をする。

⑤ ③の(i)〜(iii)について合意に至った場合には，その合意を書面に記載し，発注者が請負者に対して書面で仕様変更命令を発行する。

⑥ 仕様変更命令を受領した請負者は，仕様変更を実施する。

⑦ ③の(i)〜(iii)について合意に至らない場合でも，発注者は，請負者に対して仕様変更命令を発行することができる。この場合でも，請負者は，受領した仕様変更命令に従って，仕様変更を実施しなければならない。

【仕様変更の手続】

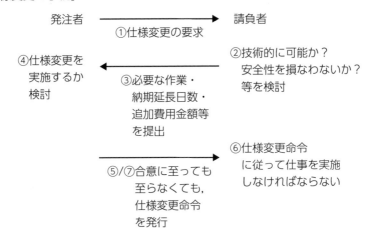

ここで，⑤にあるように，③の(i)〜(iii)に合意できた場合には，その合意に従って納期が延長され，また，追加費用が請負者に支払われることになる。一方，⑦にあるように，③の(i)〜(iii)に合意できていないにもかかわらず，発注者が仕様変更命令を発行する場合には，いったん，発注者が合理的と考えるだけ納期が延長され，また，追加費用が支払われることになる。ただ，それは発注者が合理的と考える納期延長日数と追加費用金額であって，請負者の見解を無

視したものなので，請負者は，それに納得できない場合には，求められた仕様変更を遂行しつつ，契約に定められている紛争解決方法（調停・仲裁・裁判など）に従って，納期延長日数や追加費用金額について争うことになる。特に，③の(ⅰ)〜(ⅲ)について合意に至らないからといって，請負者が仕様変更を開始しなくてよくなるわけではなく，発注者から仕様変更命令が届いたら，とりあえず，仕様変更作業を進めなければならないという点は間違えやすいので注意してほしい。

　もっとも，上記は仕様変更に関する一般的な流れにすぎず，個々の契約書によって異なる流れとなることもある。例えば，③の(ⅰ)〜(ⅲ)について合意に至らない場合には，発注者は仕様変更命令を請負者に発行できない，つまり，請負者は仕様変更命令を実施する義務を負わないという建付けになっていることも，稀ではあるが，あり得る。

　なお，建設契約では，発注者が仕様変更を求める部分を変更したことにより，そこに近い部分に影響が生じることがある。つまり，それによって納期への遅れや追加費用が生じることもある。よって，仕様変更を求められた部分だけでなく，その影響を受けた部分も，納期延長や追加費用を発注者に請求できる旨を契約書に定めておくことをお勧めする。

参考　〜amendment/modificationとchange/variationの違い〜

　仕様変更は，通常，英語ではchangeまたはvariationと表記される。一方，契約変更は，通常，amendmentまたはmodificationと表記される。一見，仕様変更は契約変更と同じものと思ってしまいがちだが，両者は別物である。契約変更は，両当事者間が変更内容に書面で合意しない限り有効とはならない。一方，仕様変更の場合には，通常，両当事者間の合意がなくても，発注者が請負者に仕様変更を命令することができ，請負者はそれを拒否できない。

---

(2)　仕様変更の頻度

　契約締結前に当事者間で仕様書を固める作業は，保証や責任などの商務的な

契約条件について合意に至るまでと同様，長い時間をかけて協議されるのが通常である。そのようにしてようやく合意された仕様書について，契約締結後に変更するなどということは，よく起こることなのであろうか。

　実は，納期に遅れが出る原因の第1位は，この仕様変更によるものだといわれている。つまり，それだけ建設案件では，仕様変更が頻繁に起こることなのである。したがって，この仕様変更の手続や処理のしかたを正確に理解しておくことは，とても重要である。

(3)　追加費用

　発注者が請負者に仕様変更命令を発行する際には，①納期延長の日数と②追加費用金額が記載されていると述べた。①については，Delay Analysisによって算出された日数が仕様変更命令に記載されることになる（173頁を参照）。一方，②追加費用金額は，これまで解説してきた方法とはやや異なるので，詳しく見ていきたい。

▎仕様変更によって生じ得る費用の種類

　まず，仕様変更がクリティカルパス上にある仕事Xに遅れを生じさせる場合には，納期遅延となる。よって，請負者が予定よりも長期間建設サイトに滞在することで生じる追加費用（prolongation cost）が生じる。具体的には，建設サイト滞在費，ボンド保証料・保険料，遅延利息，本社経費，逸失利益等である。

　次に，仕様変更が仕事Xの作業効率を低下させる場合，つまり，disruptionを生じさせる場合には，仕事Xがクリティカルパス上にあろうがなかろうが，disruption costが生じる。

　さらに，仕様変更の場合には，これまで解説してきた納期遅延に伴って生じる追加費用（prolongation cost）や作業効率の低下によって生じるdisruption costとは性格が異なる費用が生じる。それは，direct costと呼ばれるもので，例えば，仕事Xの材料を変更する場合や，新たな仕事を増やすという場合に生じる材料費，労務費（作業員を新たに増やすのにかかる費用や残業・休日手当

などの費用），および外注費（下請に仕事を発注した場合に生じる費用）がこれに当たる。これは，納期に遅延が生じるとか，仕事の作業効率の低下とは無関係に生じる費用である点に注意しよう。つまり，もしも仕様変更がなされても，クリティカルパスに影響を与えないどころか，仕事の効率も下がらないような場合には，請負者は，納期延長はもちろん，prolongation costもdisruption costの請求もする必要はなく，追加で必要となる材料費や外注費といったdirect costのみを発注者に請求することになる。

【仕様変更の際の納期延長と追加費用の関係】

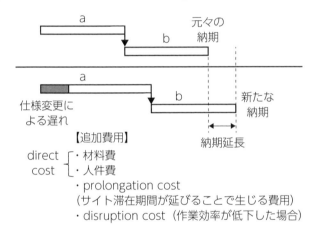

仕様変更によって生じるdirect cost（直接費）の算定方法

direct costの算出方法としては，主に単価方式かCost Plus Fee方式が採用されることが通常である。

(1) 単価方式

仕様変更で生じる材料費や労務費は，後に仕様変更の求めがあった場合に備えて，契約締結時にそれらの単価を合意して契約書に定めておくのが一般的である。例えば，ある材料について，1m当たり○米ドルとか，1kg当たり△米ドルなどである。また，作業員について，1人1日当たり◇米ドルなどであ

る。このように材料費や人件費の単価をあらかじめ合意しておけば，あとは仕様変更のために必要となる作業量がわかり次第，自動的に追加費用の合計額が算出されるので，便利である。

　しかし，単価について合意するとしても，将来発注者から求められる仕様変更のために必要となる仕事について事前に完全に網羅することは困難である。合意した単価表にはない材料が必要になることもあるし，条件が異なるために，合意した単価ではふさわしくない場合も生じ得る。そのような場合に備えて，次のように契約に定めておくべきである。

---

①　単価表に記載されている単価をそのまま使える場合
　　（仕事と条件が類似）
　　単価表の単価をそのまま利用
②　単価表に記載されている単価をそのままでは使えない場合
　（i）　仕事または条件が類似
　　　　単価表の単価に調整を加えて利用
　（ii）　仕事も条件も異なる
　　　　新たに単価について両者で合意（fair and reasonable rates or prices）

　契約締結時に合意した単価をそのまま使えるか否かについて，請負者は慎重に検討する必要がある。仮に行う仕事それ自体は形式的には同じでも，条件が異なると必要となる金額も違ってくるためである。

　例えば，高層ビルの建築において，1階で行う作業と30階で行う作業とでは，作業員の上り下りや機材などの上げ下げに時間がかかるので，両者を全く同じ効率で進めることはできないはずである。

　また，単価表にある金額が，ある一定の量をまとめて購入する際の割安金額であるという場合には，仕様変更で必要になった少量分を追加で調達するのに必要となる金額はもっと増える可能性が高い。

　さらに，熟練工の作業員について，予定の仕事が終了したために契約終了となり，いったん帰国した場合，同じレベルの熟練工を同じ金額で集められない

場合もある。

　したがって，契約締結時に合意する単価表には，その適用条件を詳しく定めておくべきである。そうしないと，とにかく単価表にある金額が適用されることになる。その結果，仕様変更に関して請負者が得られる金額は，実際にかかった金額よりもはるかに高額になる場合も，逆に大きく下回ることにもなる。これは，請負者にも発注者にも時に有利に，時に不利に働くことになる。

● 単価方式の弱点

　上で紹介した単価方式は，仕事量がわかればあとは単価を掛ければ金額が出てくるので，たしかに便利である。しかし，欠点がある。それは，仕様変更によって請負者に実際に生じる追加費用と全く同じ金額にはならない，という点である。もちろん，単価について合意した契約締結時から条件が変われば，それに調整を加えるのだが，それでも，あくまで調整にすぎない。実費精算と同じではないのだ。その結果，請負者が実際に被った追加費用よりも多くもらえることになることも，少なくしかもらえなくなることもあり得る。つまり，請負者と発注者のどちらかに不利になり得る。そこで，仕様変更の際に，できる限り実費精算とするために用いられる方法がある。

　それが，Cost Plus Fee方式である。

(2)　Cost Plus Fee方式

　これは，発注者から仕様変更を求められた際に，請負者がその都度必要となる仕事を実施するためにかかる金額を予想（forecast）として提示するものの，それは発注者が仕様変更の実施を請負者にさせるか否かを判断するための材料にすぎず，最終的に請負者が得られる金額は，仕様変更の仕事の完了後に実際に請負者が費やした金額に一定の利益（fee）を加えたものとする方法である（つまり，予想として発注者に提出したものと異なる金額になる可能性が高まる）。これにより，仕様変更よりも時間的にだいぶ前に合意される契約締結時の単価を利用する場合よりも，請負者は実費（actual cost）を発注者に負担してもらいやすくなる。

　この方式は，一見，請負者にとって有利なように思える。かかった費用のす

べてを発注者から回収でき，かつ，一定の利益を得られるのであれば，請負者は仕様変更部分に関しては必ず利益を出せるように思えるからである。しかし実際には，そう簡単な話ではない。かかった費用全額を発注者に負担してもらうには，まさに，いかなる仕事にいくらかかったのかをすべて証明する必要がある。かけた費用に関する証拠を示せなければ，発注者は支払を拒絶する。また，仮にかけた費用の証拠があっても，仕様変更を行うためには無駄な費用であったと発注者からみて思えるようなものには，発注者は支払わない。Cost Plus Fee方式は，その仕組みは理想的でも，実際に遂行するとなると，かなり難しいものなのである。

　また，発注者にとっても，この方式は必ずしも好ましいとはいえない。Cost Plus Fee方式の場合，発注者が仕様変更の見積りを請負者に求めてから，請負者がその仕事に関わるすべての下請に対して見積りを提出するように指示しなければならなくなるので，発注者が仕様変更を実施するか否かを判断するために必要となる時間が長くなるということになり得る。すると，仕様変更手続を迅速に進めることができなくなる。これは，特に早く工事が完了することを望む発注者の観点からは望ましいことではない。

　上記のような理由から，仕様変更の場合には，一般的にはCost Plus Fee方式ではなく，単価方式が採用されることのほうが多いと思われる。

▌単価方式を採用した場合の結論

　仕様変更の際に単価方式がとられる場合は，direct costのみならず，prolongation costやdisruption costもまとめて，仕様変更の仕事を実施する前に請負者が発注者から得られる金額の合計額がfixed price（固定価格）として合意されるのが理想である。しかし，仕様変更の仕事を開始する前には，まだ最終的に必要となる仕事量が読み切れないということもあるので，その場合には，適用される単価だけを合意しておき，合計額は仕様変更の仕事完了時に算出するという方法もあり得る。その場合には，実際にどのような仕事を実施したのかについての記録を発注者に提示する必要がある。その記録がないと，発注者は支払を拒むことになるので，注意が必要である。このように，適切に記

録が保存されていないと請負者が追加費用を支払ってもらえなくなるリスクがあるのは，Cost Plus Fee方式を採用した場合と同じである。

▌日系企業が陥りがちな注意点

　発注者が仕様変更だと考えておらず，仕様内の単なる指示にすぎないと考えていたが，請負者からしてみると仕様変更だと感じた場合，どうするべきか。

　日本での建設案件では，このような場合には，請負者はともかく発注者の指示に従って仕事を行い，すべての工事が完了してから発注者に請求する，そして発注者も，その請求に素直に応じるという方法が実務でとられていることがあるかもしれない。しかし，そのようなやり方は，海外案件ではまず通用しないと考えるべきである。

　この場合は，具体的には契約書の記載によってとるべき対応が違ってくるが，大筋としては，請負者は発注者に対して，「その指示は仕様変更に該当する」旨を通知し，仕様変更手続をとるように求めるべきである。請負者がそれを怠ると，請負者は，仕様変更には当たらないと認めて仕事をしたという扱いとなる。つまり，請負者は納期延長も追加費用も発注者に請求できないという結果となり得るので注意するべきである。

【理解度確認問題】

・仕様変更とは，［①］，物量（quantity），品質（quality），仕事の条件（conditions），および仕事の順番（sequence）などを契約締結後検収までの間に変更することをいう。

・仕様変更の際に生じ得る費用には，［②］や［③］などのdirect costと呼ばれるものと，納期延長に伴って生じる［④］と，作業効率が低下した場合に生じる［⑤］が考えられる。

・仕様変更の際に生じる追加費用の算定方法には，大きく２つあり，１つは，単価方式，もう１つは，［⑥］方式である。

・仕様変更は契約変更とは異なり，当事者間で変更内容について合意に［⑦］場合でも，発注者は請負者に仕様変更を実施するように命令でき，請負者はそれに従わなければならない旨が契約に定められているのが通常である。なお，通常，仕様変更は英語で［⑧］，一方，契約変更は英語で［⑨］と呼ばれる。

答え：①設計（design）／②材料費／③労務費（人件費）／④prolongation cost／⑤disruption cost／⑥Cost Plus Fee／⑦至らない／⑧change/variation／⑨amendment/modification

第3節

AccelerationとMitigation

　仕様変更と同様に，3頁のフローそのものが当てはまらないものとして，accelerationがある。これは，仕事の進捗を予定よりも早める際に生じる追加費用の負担に関して問題となる。このaccelerationは，mitigationと呼ばれるものと似ており，よく混同される。以下では，まずmitigationについて触れ，その後，accelerationについて見ていく。

　mitigationとは，「最小化」という意味である。建設契約では，納期に遅れが出る場合に，請負者は遅れを最小化する義務を負う旨が定められているのが通常である。例えば，次のような条文がそれである。

The Contractor shall constantly use his reasonable endeavors (efforts) to prevent delay in the progress of the Works and prevent the completion of the Works being delayed beyond the Deadline.
請負者は，仕事の進捗における遅れを防止するために，および，仕事の完成が納期に遅れないように，常に合理的努力をしなければならない。

　つまり，何か工事の進捗に遅れが出た場合には，請負者はそれを傍観していてはならず，遅れが生じないように対応しなければならないのである。特に注意していただきたいのは，上の条文には，「誰の原因で遅れが生じた場合か」という点の記載がないことである。これは，いかなる原因で遅れが生じた場合であっても，つまり，請負者自身の原因で遅れが生じた場合のみならず，遅れ

の原因が請負者にない場合でも，請負者は遅れが生じないように努力する義務があるという意味である。

影響最小化義務を果たさない場合にどうなるのか？

　この影響最小化義務を請負者が果たすことは，納期延長や追加費用を請求するための条件となるのが通常である。よって，請負者が影響最小化義務を果たさない場合には，影響最小化義務を果たしていたならば防げた分について，請負者は納期延長も追加費用も発注者から得られなくなる。例えば，発注者の義務違反が原因で，納期が遅れることになったとする。このとき，請負者が合理的な影響最小化義務を果たしたならば，納期の遅れは10日で済んだのに，果たさなかったために，20日遅れたとする。この場合には，請負者は，発注者から得られる納期延長日数は10日だけである。そして，prolongation costとして発注者に請求できるのも，20日分ではなく，10日分となる。つまり，影響最小化義務を果たしていれば避けられたはずの残りの10日分については，発注者に対して納期遅延LDを支払わなければならないし，その間に生じる追加費用は請負者の自己負担となる。

best effortとreasonable effortの違い

　請負者が発注者に対して納期延長やprolongation costを請求する場合には，発注者は，この影響最小化義務が果たされていないと主張してくることが考えられる。その場合，請負者は，影響最小化義務を果たした点を示す必要がある。ここで問題になるのが，何をすれば，影響最小化義務を果たしたといえるのか，という点である。特に，reasonable effortとbest effortの違いについて理解しておき，契約書作成段階から，文言に注意を払うことをお勧めする。

　reasonable effortとbest effortの違いについては，差があるという考え方と差はないという考え方が世界にはある。差があるという考え方の1つとしては，reasonable effortは，とり得る手段の中で1つを行えばよいことと解釈し，best effortは，とり得る手段のすべてを行うこと，という意味であると解釈し

ているものがある。結ばれる契約の準拠法によって，どこの国の判例が適用されるかは異なってくるので，実際にいかなる意味に解釈されることになるかはケースバイケースであるが，請負者としては，reasonable effortと定めておくのが無難である。

また，本来mitigationは，生じた遅れに対して請負者に追加費用が生じない範囲で対応する義務を課すものであるはずであるが，best effortと記載されると，それを超える対応を求めている，つまり，追加費用を費やしてでも遅れないように努力することが請負者に義務づけられていると解釈されるおそれもあるかもしれない。その意味でも，やはり，請負者としてはreasonable effortという記載にしておくべきである。

▌mitigationとaccelerationの違い

ここで考えてみていただきたい。今，クリティカルパス上の仕事Xが，発注者の原因で10日遅れることになった。その結果，納期も10日間遅れる見通しとなった。そのとき，発注者が請負者にいった。

「契約書に定められているmitigation義務に従って，この10日間の遅れを取り戻してくれ。ちなみに，これは契約書上明記されている請負者の義務だから，無償対応だよ（あなたに追加費用が生じても，それはあなたの負担だよ）」

さて，請負者はこれに対して何と回答すればよいか。

この点，もしかすると，発注者に言われたとおりに無償で10日の遅れを取り戻すべく，当初の予定よりも投入する人員を増やそうとする請負者もいるかもしれない。つまり，当初は10人での作業を予定していたのに対して，作業員を増やしたり，残業をさせたりすることで仕事を速めることはできるが，その場合，当然，人件費が追加で生じるはずである。この費用を請負者負担とするのは果たして公平であろうか。

そもそも，この遅れの原因は発注者にある。つまり，本来であれば，請負者は納期に間に合わなくても，発注者に対して納期延長を請求できるので，発注

者に納期遅延LDを支払う責任を負わずに済む状況なのである。よって，発注者が納期までに工事を完成させるように求めるなら，そのために生じる追加費用は発注者が負担するべきであろう。

「しかし，契約書に，遅れを最小化する義務が請負者にあると定められているのだから，請負者が追加費用を負担することになってもしようがないではないか」

こう思うかもしれないが，このmitigation義務とは，本来，「追加費用を負担してまで請負者が果たさなければならないもの」ではない。例えば，大雨が降り続き，サイトで大洪水が起こり，10日間ほど水が引かなかったために，その間工事を遂行することができない事態となったとする。この大雨が降り始めたとき，サイトの低地にある建設用機器や資材などを，そのまま低地に置いておけば，大洪水によって水に浸ってしまう，あるいは流されてしまう可能性があった。そうなると，その流されたものを元の場所に戻すために時間と労力を要することになり，大洪水が引いた後も，速やかに仕事を再開できないことになる。つまり，もっと仕事に遅れが生じることになるであろう。

そのような大洪水の影響が拡大するのを防ぐために（大洪水の影響を最小化するために），機器や資材を比較的高い場所に移動して保管するようにするなどといった作業を行うために，当初の予定よりも人員を増やしたり，残業させたりする必要はおそらくない。この程度の対応であれば，それはmitigationの範囲といえることが多いだろう。しかし，それを超えて，大洪水で遅れた10日間の工程を取り戻すために作業員を増やしたり，残業させたりすることは，もはや，影響最小化義務ではない。これは，工事の完成を速める行為，つまり，acceleration（アクセラレーション：加速）である。

このaccelerationは，いってみれば，仕様変更（change／variation）と同類である。「仕事の方法や順番」を変更することで当初の予定よりも仕事をするペースを速めることになるからである。仕様変更の場合には，もちろん，請負者は発注者に追加費用を請求することになるのでaccelerationも同様に考えてよいはずである。とはいえ，accelerationは仕様変更と全く同じではないので，

通常は，仕様変更とは別のaccelerationのための条文が契約に定められる。

ここで，発注者からaccelerationの要求があった場合の流れは，具体的には次のようになる。

まず，クリティカルパス上にある仕事Xに遅れが生じ，その結果，納期に遅延することがわかったら，請負者は，発注者に対して納期延長の請求をする。このとき，請負者はmitigationをすることが求められる。そして，この納期延長が認められたら，今度は発注者が請負者に，納期を前倒しすることを求める。つまり，accelerationである。ここで，建設契約書にaccelerationの手続が定められていれば，請負者はその定めに従って進めることになる。accelerationの条文は，仕様変更とよく似たものであることが多く，通常は，accelerationを行う前に，請負者が発注者に対しどのようにaccelerationを行うのか，それにかかる費用はいくらかを書面で提出する。その内容に合意できたら，発注者は請負者にaccelerationを実施するよう命令し，請負者はaccelerationを実施する。

一方，もしもaccelerationの定めが建設契約にない場合でも，発注者と請負者間でaccelerationを行うことについてその都度合意するなら，その合意に従って請負者はaccelerationをしてよい。ここで請負者にとって重要なのは，accelerationを行う前に，発注者との間でaccelerationの内容とそれによって生じる追加費用の支払について「合意すること」である。このとき，fix price（固定価格）で合意することが望ましいが，事前に決めるのが難しい場合には，算定のベースを合意しておき，最終的な金額はacceleration完了後としてもよい。もしも何ら合意できない場合には，契約上accelerationをする義務はそもそも定められていないのだから，請負者は発注者からのaccelerationの要求を拒絶することができる。

というわけで，185頁の質問への回答は，「あなたの要求（発注者が仕事の完了を速めるように求めたこと）は当社（請負者）のmitigation義務の範疇を超えている。当社（請負者）が納期延長を得られる遅れを取り戻すための行為は仕様変更と同じなので，有償対応となります。まずは当社からの納期延長の請求を認めてください」となる。そして，契約にaccelerationの定めがあるなら，それに従ってaccelerationを行う，もしもaccelerationの定めがないなら，accelerationについて両当事者間で合意する。

【Acceleration】

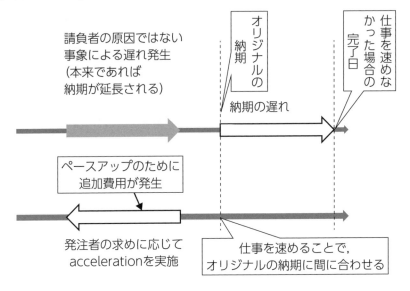

請負者がもしも上記のような手続を経ずに，発注者からいわれたとおりに仕事のペースを速めると，その作業が終了した後に発注者に追加費用を求めても，そのときにはすでに追加費用を請求すべき契約上の期限を過ぎている，ということになる。すると，建設契約に通常定められている「●日以内に追加費用を請求しないと，納期延長・追加費用を得る権利を失う」という条文に従い，追加費用はすべて請負者が負担しなければならない，ということになる。

上記から，mitigationとaccelerationの違いを理解できたと思う。つまり，mitigationは，遅れが生じた際に，請負者が追加で費用を生じさせない範囲で対応する義務であり，一方，accelerationは追加で費用を生じさせる対応である。請負者としては，この点を契約上明確に示しておいたほうが安全である。そこで，183頁にあるようなmitigationに関する条文の下に，以下のような条文を定めておくことも１つの方法である。

> The Contractor is not obliged to expend money in order to attempt to mitigate delay and the resultant costs and/or loss in accordance with Sub-Clause [ ] .
>
> 請負者は，第「」条に従って，遅れおよびその結果として生じる費用・損失を最小化するために，金銭を費やす義務を負わない。

▌Accelerationによる追加費用の算定方法

　accelerationの定めが契約に定められている場合でも，あるいは，それが定められていないが当事者間で合意してaccelerationを行う場合でも問題となるのが，請負者が発注者に対して請求するべきaccelerationによって生じる追加費用をどのように算出するべきか，という点である。その方法は，明確に「この方法で行うべき」と世界で決まっているものはない。そのため，算出は難しいと一般にはいわれているが，1つ指針となるのは，accelerationをしなかった場合に生じる費用とaccelerationをした場合に生じる費用を比較することである。このとき，158頁で解説したdisruptionによって作業効率がどれだけ下がったのかを算出する方法であるmeasured mileを使うことができる。つまり，accelerationをする仕事と，それと同種の仕事ではあるがaccelerationをしていない仕事とを比較するのである。そして，disruptionの際にmeasured mileを用いるには，日々の記録が重要になると述べたが，それはこのaccelerationの場合にも当てはまる。その意味で，工事が開始されたら，何らかの仕事の進捗状況，割いたリソース，費やしたコストが，disruptionやaccelerationにおいて生じる追加費用算定のために使われるmeasured mileを実施するためにいつか必要となり得ると意識して，日々の仕事の記録を適切にとり，保管するように心がけることをお勧めする。

	measured mileを用いて，通常のペースで行われる仕事と比較する仕事
disruption	disruptionによって妨害される仕事
acceleration	accelerationによって進捗ペースを速める仕事

　なお，accelerationによって生じる費用も，disruption costの算定と同様に，原因と結果の結びつきを立証するのが困難な場合が多いので，142頁以降で解説したGlobal Claimによって請求することも検討するべきである。

　念のため，disruptionとaccelerationにおける請負者が行う手続の違いに簡単に触れておきたい。下の図を見ながら確認しよう。

【disruption】

【acceleration】

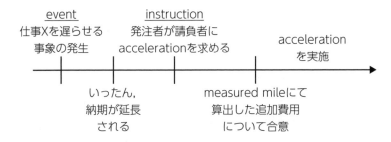

　disruptionもaccelerationも，どちらも仕事Xを遅らせる事象が発生することが原因となる。その後，作業効率の低下が生じた場合にはdisruptionとして，

請負者は発注者に対してmeasured mileなどの方法で追加費用を算出し，それを請求する手続に入らなければならない。このとき，もしもdisruptionが納期に遅延をもたらすものである場合には，納期延長とそれに伴う追加費用（prolongation cost）の請求も行う必要がある。

　一方，accelerationの場合には，仕事Ｘが遅れることで納期遅延が生じ，それに対して請負者が発注者に納期延長の請求を行い，いったんそれが認められた後，つまり，新たな納期が決まった後で発注者が請負者に仕事の完了時期を早めてほしいとaccelerationの要求がなされる。これを受けて請負者は，accelerationを実施前に，accelerationを実施した場合に生じる追加費用をmeasured mileなどを用いて算出し，発注者との間で合意する。その合意がなされた後でaccelerationを実施する。

▌accelerationが引き起こすdisruption

　このようにみると，disruptionとaccelerationは両者の間になんら関係はないように思えるかもしれない。しかし，そうとは限らない。accelerationを実施する場合には，作業員や建設用機器が追加で投入されることになるが，これにより作業場が混み合う結果，そこで行われる仕事の作業効率が低下し得る。つまり，disruptionの発生である。その場合には，請負者は，発注者によるaccelerationの要求を受け入れたために生じるdisruptionの結果，自身が被るdisruption costも発注者に請求することができるようになる。

　ちなみに，accelerationとなる請負者の行為は，「仕事の進捗ペースを速めるためのあらゆる行為」であるが，主に次のようなものがある。

・仕事の順番の変更

・作業員を増やす。

・土日・夜間も作業を行う。

・使用する建設用機器の数を増やす。

・より性能の高い建設用機器に変更する。

・塗料を早く乾く材料に変える。
・セメントを早く固まるものに変える。

Accelerationを進める際の注意点（現実的な納期の設定と間に合わなかった場合の処理）

　発注者からaccelerationの求めがあったときに請負者が特に注意すべきなのは，発注者が求める日数だけ本当に完成を早めることができるのか，という点である。完成を早めるべき日数を合意した場合，その時点で新たな納期が定まることになる。すると，もしもその日までに工事を完成させられない場合には，その納期に遅れたこととなり，請負者は納期遅延LDを発注者に対して支払わなければならなくなる。よって，求められているaccelerationの程度が実現可能なものかを正しく判断した上で合意するべきである。

　ただ，そうはいっても，accelerationの合意をした時点では，発注者に求められた日までに完成させられると判断したものの，いざやってみると，その日に間に合わないこともあり得る。このとき，発注者は，「全くaccelerationをしていない！　契約違反だ！」として，accelerationによって生じる追加費用を一切負担しないと主張してくる可能性もある。しかし，これは当然不当である。請負者は，合意した新たな納期までに完成させられなかっただけで，仕事自体は早めようとしたはずである。このような場合には，新たな納期に遅れた分だけ請負者は発注者に納期遅延LDを支払わなければならないものの，accelerationのためにかけた費用は発注者が負担しなければならない。よって，仮に合意した日数分だけ完成を早められなかった場合でも，何日間完成を早めることができたのかを示せるように，accelerationをしない場合の納期を明確にしておこう。

Constructive Acceleration

　通常，accelerationが問題となるのは，請負者による納期延長の請求が可能

な事象によってクリティカルパス上の仕事に遅れが生じ，それによって納期が遅延する場合に，発注者がもともとの納期までに工事を完了するように請負者に求める場合である。

　この場合，通常，accelerationの手続が契約に定められている場合でも，定められていない場合でも，発注者からの「仕事のペースを早めてほしい」という依頼が請負者に対してなされたのを受けて，請負者がそれによって生じる追加費用を見積り，発注者に提示し，その金額で両者合意することでaccelerationが実施されることになる点は186頁で述べた（188頁のフローを参照）。

　ここで注意していただきたいのは，上のような場合には，まずは請負者が納期延長の請求を発注者に対してなし，それが認められていることである。つまり，いったん，納期は延長されるのである。その上で，accelerationの手続に入る。これが正規のaccelerationの手続である。

　ただ，このような通常のaccelerationとは異なる次のような場合も現実には起こり得る。まず，納期延長が認められる事象が起こり，クリティカルパス上の仕事Xに遅延が生じた。そこで請負者が発注者に対して納期延長の請求を行った。しかし，発注者が「納期延長が認められる遅れではない」として，請負者によるこの請求を拒絶した。この場合でもなお，請負者が自身の請求には正当な根拠があると考える場合には，請負者は，契約書に定められている紛争解決条項に従って，納期延長の請求について発注者と裁判や仲裁で争うことができる。争った結果，請負者が勝てば納期延長を得ることができるが，もしも負ければ，それらは得られない。この場合には，請負者は納期に遅れたことになるので，納期遅延LDを発注者に支払う責任が生じ，かつ，追加費用も自分で負担することになる。よって，請負者による納期延長の請求が発注者から拒絶された時点で，請負者には2つの選択肢があることがわかる。

選択肢①：
「絶対に納期延長および追加費用の請求を裁判または仲裁で認めてもらえるはずだ」と考えて，工事の進捗ペースは変えずに，当初のスケジュールどおりに仕事を進める。この場合，当然，当初の納期には間に合わない。

選択肢②：
自発的に仕事の進捗ペースを速めて，最初の納期に間に合うようにする。この場合，最初の納期に間に合えば，納期遅延LDの負担は生じないし，納期延長に伴って生じる追加費用も発生しないが，ただ，ペースを速めることで，人員を増やしたり，夜間・休日の作業をしたりすることにより，人件費という形で追加費用が生じるので，これについて，実質的にはaccelerationであるとして発注者に請求する。

　もしかすると，「請負者は，裁判や仲裁で勝てばよいのだから，迷わず選択肢①を選べばよい」と考える人もいるかもしれない。しかし，請負者が確実に裁判や仲裁で勝てるかどうかは，やってみないとわからない。真実としては，請負者が納期延長を認められる遅れがたしかに存在していたとしても，それを裁判や仲裁で絶対に認められるとはいい切れない。仮に請負者によって立証活動が適切に行われた場合でも，経験未熟な仲裁人や，この業界に詳しくない裁判官によって，おかしな判断が下る可能性もある。また，裁判や仲裁での判断に委ねるということは，結論が出るのは早くても1年以上後になるということである。その間，請負者が納期遅延LDを発注者からボンドに基づいて支払わされることになれば，そのような長い期間，キャッシュ不足となり得る。さらに，納期遅延の日数が上限値に到達した場合には，発注者が契約を解除する可能性さえある。

　一方で，そうかといって選択肢②を選んだ場合，つまり，発注者から求められてもいないのに，自らの判断で仕事のペースを速めた場合，実質的にはaccelerationであったとして，ペースを速めるために投入した人件費などを発注者に負担してもらえるかもしれないが，逆に，形式的に見て，通常のacceleration とは異なるという理由で，人件費などを発注者に負担してもらえない可能性も

ある。つまり，「発注者と事前にaccelerationを行うことについて合意せずに，請負者が勝手に仕事を速めた」として，それによって生じる追加費用は請負者が負担しなければならないことになるかもしれないというリスクがある。

このように，どちらを選ぶにせよ，請負者が損失を被るリスクがあるので，請負者は悩まなければならなくなる。この問題は，そもそも発注者が請負者の納期延長の請求を拒否するのが悪いとも思えるが，必ずしもそうとは限らない。発注者は発注者なりに検討した結果，本当に「納期延長を与えるべき事象が原因ではない」と考える場合もある。つまり，このような事態が生じるのは，どちらの契約当事者のせいだ，といえないかもしれない。

そこで，このような事態が生じた場合の公平な解決策として米国において実務上とられることがあるのが，「形式的にはaccelerationの条件を満たしていないが，実質的観点からaccelerationを事後的に認める」というものである。つまり，本来であれば認められるべき請負者からの納期延長および追加費用の請求を発注者が拒絶したという場合には，その後請負者が自発的に仕事のペースを速めるために人件費などを投入したことで生じる追加費用について両者間で事前に合意に至っていなくても，その追加費用は発注者の負担とする考え方である。こうすれば，請負者は安心して選択肢②を選ぶことができるようになる。

ただし，accelerationの作業に請負者が着手する前に，発注者との間で合意がない場合，すべてを実質的にaccelerationであると無制限に認めることになるのも問題である。請負者が自分の判断で，本来必要ないのに仕事のペースを速めた場合にまでそれによって生じる追加費用を発注者に請求できるということになったら，それはそれで不公平だからである。

そこで，米国では，このような場合には，次のような基準を設けて，これらをクリアした場合にのみ，請負者による自発的な仕事のペースを速める行為は実質的にはaccelerationであるとして，請負者に生じる追加費用を発注者の負担とするようにしている。

1. 納期延長が請負者に与えられるべき事象（Force Majeureや発注者の契約違反）が生じていること

2．請負者が契約書に従い，発注者に対して適切に納期延長を請求したこと

3．本来認められるべき納期延長の請求について，発注者が認めなかったこと

4．加えて，発注者が最初の納期までに間に合うように明示的又は黙示的に求めたこと（しかし，発注者は，accelerationであるとは認めていない）

5．仕事のペースを速めるために請負者に追加費用が生じたこと

6．仕事のペースを速めるために請負者に生じる追加費用は，もしもペースを速めずに納期に遅れた場合に請負者が負担することになる納期遅延LDとそれに伴って生じる追加費用（prolongation cost）の合計金額の範囲内であること

　上記の6は，もしもペースを速めるために生じる追加費用が，納期に遅れることで請負者が負担することになる納期遅延LDと追加費用（prolongation cost）の合計額よりも多いなら，発注者からしてみると，最初の納期に間に合うように請負者にペースを速めてもらわないほうが，発注者の損失が少なくて済んだということになるからである。

　なお，上記は，本来のaccelerationとは異なるが，「発注者の言動からaccelerationを指示していると推定・推測される」，ということで，constructive accelerationと呼ばれている。constructiveとは，「推定・推測される」，という意味だからである。

　もちろん，これは米国での話であり，どこの国でも同様にconstructive accelerationが認められるかはわからない。請負者が置かれた状況が裁判所や仲裁人に適切に伝えられれば，「本来のaccelerationの条件を満たしていない」として，一刀両断に切り捨てられる可能性は低いと思われるが，このような事態に遭遇したら，この契約の準拠法を専門とする弁護士に相談することをお勧めする。

　そして，請負者としては，constructive accelerationが認められやすくなるように，自発的にペースを速める場合でも，事前に発注者に対してその旨の通知をしておくべきである。発注者はそのような通知を受けても，通常のaccelerationと認めてくれはしないかもしれないが，なんらの通知もしないでいきなりペースを速めるよりも，裁判や仲裁で請負者が置かれる地位は有利な

ものになるはずである。

【理解度確認問題】

[①] は，基本的に，請負者に追加費用を生じさせない範囲で行うことが求められている行為。

[②] は，請負者の当初の予定を変更して人員を増やす，または，スケジュールを変更するなどして仕事完成日を速める行為。これに該当する場合には，原則として，請負者はaccelerationを遂行する前に契約に定められているaccelerationの手続に従って発注者に対して追加費用を請求しなければならない。accelerationの手続が定められていない場合でも，当事者間で合意すれば，請負者はその合意に従ってaccelerationをしなければならない。

mitigationとaccelerationは似て非なるもので，その差は「[③] が生じるようなものか否か」という視点でみれば区別をつけやすい。

請負者が納期延長を得られない事象が原因で納期遅延が生じる場合には，請負者がaccelerationをしても，それにかかる追加費用を発注者に請求することはできない。請負者は，そのままのペースで仕事を行い，[④] を支払うか，自己負担の費用をかけて仕事のペースを早めるかのどちらが得かを考えて判断することになる。

本来は納期延長・追加費用の請求が認められるべき場面で発注者がそれを拒否した結果，請負者がペースを維持するか早めるべきか悩む場面では，
・請負者が自発的にペースを速める行為は，本来のaccelerationの手続に従ったものではないものの，
・請負者が一定の基準をクリアする場合には，
・請負者が自発的にペースを速める必要性があるし，
・また，発注者に過度な負担をさせることにもならないので，
・accelerationとみなして，
・それによって生じる追加費用が発注者の負担となる場合がある。
これを，[⑤] という。

答え： ①mitigation／ ②acceleration／ ③追加費用／ ④納期遅延LD／ ⑤constructive acceleration

198

 コラム⑤〜どちらが原因でどちらが結果か？〜

　戦国時代に活躍した数々の戦国大名たち。彼らは，何が優れていたから，過酷な戦国時代を勝ち抜き，生き残り，その末に繁栄できたのでしょうか。

　この点，有力な戦国大名には，意外な共通点があります。それは，水田開発能力，つまり，灌漑工事能力に長けていた，というものです。

　ここに，興味深いデータがあります。古代から徳川時代の終わりに当たる慶応３年（1867年）までに日本で行われた主要な用水土木工事全118件のうち，47.46％に当たる56件は，戦国時代から江戸時代初頭の約200年の間に行われているというのです（大石慎三郎『江戸時代』中公新書）。そして，徳川家康に始まり，伊達政宗，黒田長政，加藤清正，加藤嘉明といった面々は，戦国時代に大規模な灌漑工事を行っています。なぜ，このような共通点が見られるのでしょう。

　まず，戦で勝利するために必要なものとして，兵力が挙げられます。兵をたくさん動員できたほうが有利ですよね。では，たくさんの兵を動員できるようにするには，何が必要だったか。それは，広大な水田です。水田があれば，多くの米がとれます。それだけ，多くの人間がそこで暮らせるということです。多くの人間がいるということは，いざというときには彼らを兵士として戦に参加させることができます。いかに多くの兵士を集められるかは，戦いにおいて根本的な要素となったはずです。このことから，上記に列挙したような戦国武将たちが戦国時代を勝ち残ることができた原因は，彼らが大規模灌漑工事能力に長けていたから，といえるでしょう。

　……いや，しかし，上記のような結論を下すには，実はこのデータには落とし穴があります。というのも，このデータをより詳細に見てみると，灌漑工事が特に集中的に行われているのは，1596年から徳川初頭の77年間（42件（全体の35.59％））であるという点です。つまり，灌漑工事が最も盛んに行われていたのは，戦国時代真っただ中ではなく，豊臣秀吉による天下統一（1591年）から５年後〜江戸時代初めの時期にかけてであることがわかります。

　となると，「灌漑工事を行っていたから戦国時代を生き残ることができた」のではなく，「戦国時代の最も過酷な時期をなんらかの理由で生き残ることに成功した武将たちが，安定期に入った後で領地経営を本格化した」という見方をする

ほうが真実に近いといえるでしょう。つまり，灌漑工事が盛んに行われるように
なったのは，強かったことの「結果」なのです。

　このような，一見すると原因だと思われた事情が，実はそうではなく，結果に
すぎない，ということはよく起こり得ます。

　私たちは，過去の過ちを繰り返さないために，通常，原因を特定する作業を行
います。次に，この原因を潰す対策を練ります。そうすれば，同じ結果＝過ちが
起こることを防ぐのに役立つはずだと信じています。ここで，原因となる事象も，
結果となる事象も，自ら「自分が原因だ」，または，「自分が結果だ」とはいって
くれません。それを特定するのは，人間の仕事です。先入観に囚われずに，各事
象の時間的な前後関係やデータを丁寧に分析しましょう。それがなされないと，
対策が対策としての意味をもたなくなります。的外れな対策となります。

　あなたの会社で起こった失敗について練り上げられた対策。その前提として，
原因と結果の関係は正しく特定されていますか。原因と考えていたものは，実は
結果だったりしませんか。

第6章

立証に必要となる
工事に関する記録

　ここまで学んだことから，次のことを理解いただけたと思う。

　「請負者が，契約上または法律上，権利として納期延長や追加費用を請求することができるのだとしても，証拠を示せなければ，実際にそれらが認められることはない。そして，その証拠とは，工事に関する記録である」

　では，請負者が工事を進めている間に記録しておくべきものとはどのようなものかについて見ていこう。

保管するべき記録

(1) 契約書（仕様書も含む）・図面・入札図書

請負者が発注者に対して納期延長や追加費用を請求する場合には，その根拠を示さなければならない。具体的には，契約書の第何条の第何項に基づくものかを示す（28頁以降参照）。これをするためには，当然，発注者との間で締結した契約書が必要になる。

また，仕様変更や法令変更などの場合には，仕様のどの部分を変更するのかも示すために全ての仕様書や図面を保管しておかなければならない。

入札図書は，契約書の一部を構成するものであれば，当然保管すべきであるが，仮に契約書の一部を構成するものでないものでも，最終的になぜそのような内容の契約条件となったのかが納期延長および追加費用の請求に関する発注者との交渉上必要になる可能性もあるので，こちらも保管しておこう。

また，下請からの納期延長や追加費用の請求があった場合には，それがいかなる根拠に基づくものなのかを確認する必要がある。そのためには，下請との間で締結された契約書・仕様書も必要である。

(2) コレポン（コレスポンデンス）

発注者との間で交わされた書類やメールは，発注者がいかなる指示(instruction)をしてきたか，何を承認したか，それはいつかを証明するために必要となる場合があるので，すべて保管しておこう。

もちろん，下請との間で交わされた書類やメールも同じである。

(3) スケジュール

契約締結時に作成したスケジュール，つまり，as-planned scheduleは，多くのDelay Analysisで必要となる。

また，その後の工事の進捗状況を反映したスケジュールであるupdated scheduleは，Impacted As-Planned Analysis，Time Impact Analysis，そしてWindows Analysisなどで必要となる。

さらに，工事完了後に作成されるスケジュールであるas-built scheduleは
But for AnalysisやAs-Planned vs As-Built Analysisを採用する場合に必要と
なる（92頁以降参照）。

(4) 進捗状況

「全体の仕事の何%が進んだ」という単なる進捗割合ではなく，いかなる仕
事が誰によって行われたのか，いつ開始され，いつ終了したのかを具体的に記
録しておく。これがないと，進捗状況を表すupdated scheduleを作成すること
ができない。updated scheduleがないと，採用できるDelay Analysisの選択肢
が減る（123頁参照）。

また，仕事Xに遅れが生じた場合に，請負者がその遅れに対してどのような
対処をしたのかも記録しておこう。これは，請負者が納期延長請求を認めても
らうための条件としてのmitigationの義務を果たしたことを示す際に役立つ
（184頁参照）。

(5) リソース

どの仕事に何人で何時間かけたのか，日々の作業効率も記録しておく。これ
らはdisruption cost（158頁参照）やaccelerationの費用（189頁参照）を算定
する際に不可欠となる。また，disruptionによって作業効率が落ちれば，それ
が納期の遅延を引き起こすこともあるので，リソースの記録は納期延長日数を
算定するためにも必要となり得る。

(6) コスト

どの仕事にどれだけの費用が生じたのかを記録しよう。このとき，コストの
種類も明確にしよう。仕事と費用の紐づけられた記録があれば，追加費用が生
じた際に，原因と結果の因果関係を立証するのに役立つ（126頁以降参照）。

▌写真を残すべき

証拠としての価値が高いものに，写真がある。進捗状況は写真を見れば，ど

こまで仕事が進んでいたのかが目で見て確認できることがあるはずである。

　写真は，①誰が，②いつ，③どこで，④どの角度から（どの方向から），⑤何を撮影したのかを文章にして一緒に保管しておこう。これがないと，進捗状況を表すものとは認められない。

・日々の天候の記録

　工事の進捗は天候によって左右されることがある。その天候がForce Majeureに該当するような場合には，納期延長の対象となり得るが，Force Majeureに当たらない場合には，納期延長は与えられない。そのため，例えば，発注者のなんらかの行為によって仕事の進捗が遅れたとして請負者が納期延長を発注者に請求する場合には，「この遅れはForce Majeureに当たらないような悪天候の影響ではないか」と発注者から反論がなされる可能性がある。このときに，請負者としては，天候の記録を保管しておけば，「悪天候ではなかった」と反論する，または，悪天候期間は○日間だけであり，我々の請求はその分を差し引いたものである，といった主張もできるようになる。よって，日々の天候とその影響も記録しておくべきである。

・下請にも記録保管義務を！

　請負者による発注者への納期延長・追加費用の請求は，必ずしも，請負者自身が行う仕事Xが遅れた場合になされるものとは限らない。下請が行う仕事である場合も多々ある。その場合，まずは下請が請負者に納期延長・追加費用を請求してくる。このとき，下請による請求が説得力のある記録によって立証されていない場合には，それを請負者が発注者につなげてもなかなか勝ち目がない。ここで適切な記録がなければ請負者は下請の請求を拒めるので，請負者にとっては特に問題ないといえそうな気もする。しかし，下請は追加費用を請負者に負担してもらえない場合には，資金不足でそれ以上仕事を進めることができない状況にあるかもしれない。そのような場合には，請負者は下請からの請求を無下に拒絶することも難しいであろう。もしも拒絶すれば，下請はそれ以上仕事をすることを止め，その結果，工事は遅れ，請負者は発注者に納期遅延LDを支払わなければならなくなる。このとき，下請が資金不足であるために，

請負者はそれを全額下請に支払ってもらえないという場合も大いにあり得る。すると，結局，請負者が損失を被ることになる。

　よって，請負者は，対発注者においては，下請も同じチームであると捉え，下請が自分たち請負者に対して適切に納期延長や追加費用を請求できるように，説得力のある記録を保管するように促す必要がある。そのために，上記のような記録の保管を契約上義務づけるだけでなく，工事開始前に下請けとの間でいかなる記録をどのように保管しておくべきか，それはいかなる理由でそうなのかを理解してもらうための説明の場を工事開始前に設けることをお勧めする。

第 **7** 章

クレームレターに
書くべき事項と注意点

　納期延長と追加費用に関し，理論，手続，そして立証について学んだ。あとは，実際に発注者に請求するだけである。しかし，請求する書面（いわゆるクレームレター）には一体何を書くのか。発注者がすんなりと納期延長や追加費用を認めてくれるか否かは，このクレームレターの出来不出来にかかっている。「我々が正しいはずなのに，認めてもらえない」。こんなことにならないように，請求書面に書くべき事項の「肝」と「心構え」を学ぼう。

　最後に，請負者が発注者に対して納期延長や追加費用を請求するために提出するべき書面（いわゆるクレームレター）に記載する事項について簡単に触れたい。

　具体的な記載内容は，当然，案件によって異なる。比較的分量が少なくて済む場合もあれば，相当なボリュームになることもある。つまり，ケースバイケースである。しかし，記載すべき項目とそれらの項目をどう配置するか，つまり，「流れ」は実質的には同じである。ここでは，それらについて見ていこう。

(1)　原因（cause）

　仕事Xの遅れもdisruptionも，原因なしに生じることはない。また，原因を示されていないのに，結果についてだけ発注者に請求しても，発注者は絶対に受け入れない。よって，まずは「何が起こったのか。原因は何か」を示す。例えば，「○年○月○日（時間もわかるなら明記），発注者が○をした」となる。

(2)　結果（effect）

　次に，原因からいかなる結果が生じたのかを示す。いかなる仕事が何日遅れ，その結果，納期はどれだけ遅れたのか。ここで，原因と結果の因果関係の証明が必要となる。また，Delay Analysisを行うことになる。そして，納期の遅延に伴い，prolongation costはどれだけ生じたのかを示す。もしも納期に遅れが生じていなくても，作業効率にどのような影響が出たのか。その結果，追加費用（disruption cost）がいくら生じたのかを示す。

(3)　請求の根拠となる条文または法律（provision）

　あらゆる納期遅延，あらゆる追加費用を発注者に請求できるわけではない。契約書に定められている事象，または，発注者の契約違反が原因である場合に限られる。よって，請求の根拠条文を明示する必要がある。例えば，「第○条第○項の定めに従って納期延長と追加費用を請求する」という記載となる。

⑷ 請求（claim）

　具体的に納期を何日延長してほしいのか，追加費用をいくら支払ってほしいのかを示す。例えば，「●日間納期を延長し，○米ドル追加費用を支払ってください」という記載となる。

⑸ 証拠（substantiation）（専門家意見書も含む）

　上記の⑴〜⑷は，いってみれば，請負者が自分で考えたことの記載である。これだけでは，発注者はただの作り話としか考えない。発注者に納得してもらうには，証拠が必要である。そこで，上記⑴〜⑷で示す事実や請負者の考えについては，その都度証拠があること，そしてそれはこのクレームレター中のどこにあるのかを示さなければならない。

＊　　＊　　＊

　上記を極めてシンプルに書くと，以下のようになる。

　「○年○月○日，発注者の○によって，仕事Xに遅れが生じました（添付資料○を参照）。それにより，納期に○日遅れが生じました（Delay Analysisの方法と結果は添付資料○を参照）。また，この納期遅延に伴い，追加費用が○米ドル生じました（追加費用の内訳は添付資料○を参照）。

　したがって，納期を●日間延長し，かつ，追加費用として○米ドル支払ってください」

　上記はクレームレターの「核」となる部分である。そもそも，何の案件に関する請求なのかを示すために，背景として案件概要を示す必要もある。しかし，肝となるのは上記である。そして，実際には，「添付資料○を参照」と記載されている部分は，結構なボリュームになることが多いはずである。特にDelay Analysis部分は，いかなる手法を用いるのか，その手法はどのようなものなのかから始まり，as-planned scheduleやupdated scheduleを示しながら丁寧に記述する必要がある。

クレームレターで求められるわかりやすさとは？

　請負者がクレームレターを作成する際に重要となるのは，「請負者の立場で書いたクレームレターを，もしも発注者の立場で見たならば，「たしかに，このレターにあるように，納期延長と追加費用を認める必要があるな」と自分たちで思えるか」という視点である。

　例えば，論理が飛躍していないか，意味がわからない略語を使っていないか，契約の文言を無視していないか，自分にとって都合のよい情報だけからDelay Analysisを実施していないか，証拠もないのに単に自分の意見を主張していないか，などを客観的に検討する必要がある。自分が読んでも納得できないレターでは，相手である発注者もきっと納得できない。

　一方で，「自分ならこのくらいのレターで十分理解できる」と思ったときは，次のように考えてみてほしい。つまり，「「自分なら」とは，自分くらいこの案件に強く深く関わっている人なら」ということではないか」と。

　これはどういうことかというと，クレームレターを読む相手は，必ずしも，その案件に最初から関わっていた人であるとは限らないということである。発注者の法務部の人が読んで内容を確認するはずだが，おそらくその人はその案件についてあまり知識を持っていない。そのため，略語を多用されると，レターの意味が全然わからないということになる。このとき，「略語くらいは読む側が自分で調べて読もうとするべきだ」と請負者は思うかもしれない。たしかに，「そうすべき」なのかもしれない。しかし，結局，請負者は自分の請求を認めてもらわないと困る立場である。発注者が「何を書いているのか意味がわからない。だから請求を認めない」といったら，再度クレームレターを書き直して提出し直さなければならない立場なのである。これは裁判や仲裁に進んだ場合も同じで，裁判官や仲裁人といった第三者に請負者の請求を認めてもらうためには，まず何よりも，自分たちの主張の意味を理解してもらう必要がある。理解してもらえなければ，結果は「請求は認められない」となる。したがって，「発注者が自分で調べるべき」とか「事前に納期延長や追加費用の仕組みについてよく勉強しておくべき」というのは正論ではあるが，その正論を貫いた結果損をするのは，多くの場合，請負者となる。

　したがって，請負者としては，その案件に関して前提知識のない人，建設案件に詳しくない人にも，「ああ，たしかに請負者の請求は正しい」と思ってもらえるようなレターを作成する必要がある。「（この案件にずっと関わり，建設案件に詳しい）自分ならわかる」というレベルのものではダメなのである。

　そういうわけで，本書では，これまで様々な問題点について，結論のみならず，できる限りそのようになる理由も含めて解説してきた。もちろん，３頁に掲載されているツリーを覚えることは必要だが，それで終わらず，ぜひ，理由を含めた理解，そして，それを発注者に対して説明できるようになるまで繰り返し学んでいただければと思う。

　この点，「日本語でわかりやすくクレームレターを書くことはできるかもしれないが，英語となると難しい」と感じると思う。しかし，もしも本当に日本語でしっかりとしたクレームレターを書けるなら，ほぼ90％以上うまくできたといってもよい。というのも，日本語で書けたなら，あとは英語が得意な人に任せればよいからである。論理の流れ，説明の詳しさを日本語で表せているなら，あとはただの英語の問題となる。もちろん，建設案件や納期延長・追加費用の請求に特有の英単語があるので，それらを適切に使っているかのチェックは必要になるが，それはそこまで英語が得意でない人でもチェックできる。いかなる問題でもそうだが，まずは母国語である日本語でしっかりとした内容を作り込もう。そして，あとは単純な翻訳の問題へと追い込む。日本語でしっかりした内容を作り込めていない場合には，それを英語の達人が翻訳しても，立派なものにはなり得ない。英語のほうが日本語より得意，というよほどの例外的な日本人を除き，日本人の作るなんらかの言語による文章の完成レベルは，日本語で作ったそれを超えることはない。

　本書は，英文をできる限り排除し，日本語だけで解説することを試みた。それは，まずは日本語で納期延長・追加費用の請求の仕組みと注意点を理解していただきたいと考えたからである。本書で学ばれて概ね理解できたという人には，本書の巻末にある参考文献を読まれることをお勧めする。そこに記載されている内容の大部分は，本書を理解できた方はきっと理解できるはずである。英語で読むことで，建設案件の実務では，どのような英語が使われているのかがわかる。内容をすでに理解しているので，単語の意味も予想しやすいはずで

ある。そうすれば，自ずと，ふさわしい英語を選択できるようになる。数日や
数週間といった短期間で身につくものではないが，その分だけ，身につけた暁
には，強力な武器になるはずである。

参考　〜Delay（遅れ）の種類〜

　EPC案件や建設案件においては，工程や作業の「Delay（遅れ）」といった場合，
それが具体的にどのような意味で使われているかに注意が必要である。というの
も，Delayには，実に様々な種類があるからである。

　特に，納期延長の請求をクレームコンサルに相談する場合や納期延長の請求に
関する海外の参考書を読む際に，そこで使われているDelayの意味を理解できな
いと，話が通じない，何を言っているのかわからない，そして，勘違いして理解
してしまう，ということが起こり得る。そこで，ここでは，様々なDelayについ
て紹介したい。

　まず，Critical Delayについて。

　これは，クリティカルパス上の仕事に生じるDelayである。Critical Delayが
発生すれば，通常，納期に遅れる。

　一方，Delayは生じたが，それがクリティカルパス上の仕事に生じたDelayで
はない場合，それはNon-Critical Delayと呼ばれる。このDelayは納期に遅れを
生じさせない。

　次に，Excusable Delay。

　Excusableとは，「許される」という意味である。となると，Excusable
Delayは「許されるDelay」となる。何が許されるというのか。それは，「納期
に遅れたとしても，請負者が発注者に対して納期遅延LDを支払わなくてよい
Delay」という意味である。つまり，「納期延長が認められるDelay」というこ
とになる。では，これは具体的には，どのようなDelayかというと，基本的には，
契約書に，「このDelayの場合には，納期が延長される」と定められているもの
である。例えば，Force Majeure，法令変更，そして，サイトで遺跡が発見さ
れた場合などの29頁に列挙されているものである。結局，Excusable Delayと
は，「請負者に原因がないDelay」といってもよい。通常は，請負者に原因がな
いDelayの場合には，納期延長が認められるように契約上手当てされているから

である。

一方，Non-Excusable Delayとは，「納期に遅れた場合に，請負者が納期遅延LDの支払を免れることはできないDelay」という意味である。納期延長クレームが認められないDelayである。簡単にいえば，「請負者のせいで生じたDelay」といってもよい。

ここで，少し混乱を招くのが，Employer Delayである。このEmployerとは，発注者という意味である。となると，「発注者の原因で生じたDelay」という意味か，とも思える。もちろん，そのような意味で使われることもあるが，海外で出版されているいわゆるクレームの参考書などでは，Employer Delayとは，Excusable Delayと同義のものとして使われていることがある。つまり，「発注者がリスクを負うべきDelay＝請負者に納期延長が与えられるべきDelay」という意味でEmployer Delayという言葉が使われることがある。つまり，Employer DelayのEmployerは，「Delayを生じさせた者」という意味ではなく，「Delayの結果についての不利益を甘んじて受けなければならない者」という意味である。だから，Force Majeureや法令変更によって生じたDelayも，「Force Majeureや法令変更の場合には納期が延長される」と契約書に明記されている場合には，それは，Employer Delayとなる。Employer Delayという単語が口頭で発せられたり，何かに書いてあったりしたときは，必ずしも「発注者が引き起こしたDelay」を意味しているわけではないかもしれない，という点に注意が必要となる。

では，Contractor Delayはどうかというと，これも，「請負者が原因であるDelay」という意味ではなく，「請負者が責任を負うDelay」であることが多い。ただ，これは，「請負者が原因であるDelay」と理解しても，さほど混乱は生じない。というのも，「納期延長できる場合」が契約書に適切に網羅して定められている契約においては，「請負者が責任を負うDelay」＝「請負者が納期遅延LDを支払わなければならなくなるDelay」とは，「請負者に原因がある場合」となっていることがほとんどだからである。

Employer Delayの場合には，必ずしもEmployer（Owner）が遅れの原因になっているとは限らないが，Contractor Delayの場合には，基本的には，Contractorが原因の遅れとなっているはずである（繰り返すが，適切な契約書になっているならば）。

　さらに，Compensable Delayというものがある。Compensableとは，「賠償され得る」という意味である。つまり，Delayによって請負者に生じた追加費用を発注者が負担することになるDelayという意味である。納期延長が認められるExcusable Delayの場合には，Compensable Delayであることが多いが，例えばForce Majeureの場合には，通常，納期延長は認められても，追加費用は請負者が負担することになる。よって，すべてのExcusable DelayがCompensable Delayであるとは限らない。そして，追加費用を発注者に負担してもらえないDelayは，Non-Compensable Delayと呼ぶ。上記に述べたとおり，通常は，Force Majeureによって生じたDelayはNon-Compensable Delayである。

　以上，様々なDelayを紹介したが，以下に図を示した上でまとめた。

【Delayの分類】

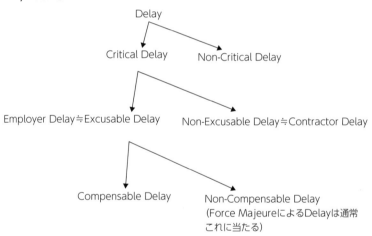

　まずは，納期に影響を与えるDelayがCritical Delayであること。

　そして，そのCritical Delayの中にExcusable Delayがあること。

　そしてこのExcusable Delayは，請負者が納期延長を得られるDelayであり，その中で追加費用をもらえるものがCompensable Delayであること。

　この点をまず押さえよう。

その上で，Employer Delayは，「Employer＝発注者が原因の遅れ」ではなく，「発注者が遅れについてリスクを負うDelay」＝Excusable Delayであることに注意しよう。

　といっても，もしかすると，上記の言葉を使う人・参考書によって，若干の違いがあることもあるので，上記を念頭に置いた上で，コンサルとの協議や参考書を読む際には，その都度気をつけるようにしたほうが無難である（参考書の場合には，定義が記載されていることが多いので，それを確認しながら読み進めるべきである）。

コラム⑥〜職業選択十箇条〜

最近は，転職が当たり前になっています。そのため，現在プラント・建設業界で働いている人の中には，次のように考えている人がいるかもしれません。

「潰しが効くスキルを早いうちに身につけて，将来どこにでも転職できるように準備しておきたい。今はたまたまこの業界にいるが，ここはあまりにも特殊な世界だ。この世界で通用するノウハウをどんなに勉強しても，将来の転職先で役に立つことはほとんどないだろう。だから，この業界に特化した知識は，そこそこ身につけられればそれでいい」

果たして，これは正しいのでしょうか。少なくとも筆者は，そうは思いません。潰しが効くスキルやノウハウとは，いってみれば，誰もが簡単に身につけられるものです。だから，それらを身につけたところで，代わりのない存在となることは難しいでしょう。一方，極めて狭い分野では，参考書も少ないため，実務で必要となるスキルや知識は，仕事に打ち込むことによってのみ身につくものであることが多いものです。もしもそのような知識やスキルを習得できたら，あとからその業界に入ってきた人との差別化に役立つのではないでしょうか。

ある高校には，「職業選択十箇条」というものがあります。内容は，以下のように，一般に言われている理想の就職先と考えられているものとは大きく異なるものです（キム・ナンド『つらいから青春だ』，ディスカバー・トゥエンティワン（韓国の若者に向けた本で200万部を超える大ベストセラー）より）。

- 給料が少ないほうを選べ
- 自分が望むところではなく，自分が必要とされるところを選べ
- 昇進のチャンスがほとんどないところを選べ
- すべて条件がそろっているところは避けて，イチから始めねばならない荒れ地を選べ
- 先を争って人が集まるところには絶対に行くな。誰も行かないところに行け
- 将来性が全くないと思われるところに行け

- 社会的な尊敬が全く期待できないところに行け
- 真ん中ではなく，はじに行け
- 両親や配偶者，婚約者が命がけで反対するところなら間違いなし。迷わず行け
- 王冠ではなく断頭台が待つところに行け

　この10箇条に簡単に同意することはできません。しかし，これを考えた人が，こんなにも大袈裟な表現を使ってまで高校生に伝えたかったことは何なのでしょう。それはおそらく，この10箇条をシンプルにいい換えたときに現れるもの，つまり，「多くの人が競って集まる道には行くな」ということではないでしょうか。

　また，コカ・コーラやリーバイスなど，今では世界中で広く受け入れられている商品が生まれたきっかけとなるエピソードから成功の秘訣を解き明かすことを試みている『仕事は楽しいかね？』（デイル・ドーデン著　きこ書房）には，次のような言葉があります。

　「彼らはね，他人を凌駕する人材になろうとしているけど，それを他人と同じような人間になることで達成しようとしているんだ」

　1％，つまり，100人に1人の存在というと，とても希少価値があるように思えます。しかし，そういう人は日本だけでみても100万人います。1万人に1人，つまり，0.01％の存在でさえ，1万人いるのです。

　こう感じたことはないでしょうか。

　大学に入学しても，同級生だけで1,000人以上いた。

　企業に入っても，同期だけで数百人規模でいた。

　資格試験に合格しても，同時期の合格者だけで数千人いた。

　頑張って勝ち得たつもりだったけれど，自分以外にもこんなにいるのか……と。

　その中で代わりがなかなかみつからず，一目置かれる特別な存在になるには，潰しが効くかどうかという観点ではなく，「いかに人と違う道を行くか」を考える必要があるのかもしれません。

参考文献

- *Society of Construction Law Delay and Disruption Protocol* 2nd *edition*
- *Construction Claims & Responses : Effective Writing & Presentation*
  Andy Hewitt（著）
- *Construction Claims A Short Guide for Contractors*
  Paul Netscher（著）
- *200 Contractual Problems and their Solutions Third Edition*
  Roger Knowles（著）
- *A Practical Guide to Disruption and Productivity Loss on Construction and Engineering Projects*
  Roger Gibson（著）
- *Construction Delays : Extensions of Time and Prolongation Claims*
  Roger Gibson（著）
- *Construction Delay Claims : Analysis and Formula For Delay Claims With Guides : Construction Delay Claim Calculation*
  Regan Bishopp（著）

索　引

【著者紹介】

本郷貴裕（ほんごう　たかひろ）

本郷塾代表。
英文契約の個別指導・社内研修講師。
資格スクエア英文契約書講座講師。
東北大学工学部機械知能学科卒業。一橋大学大学院法学研究科修士課程修了。
株式会社東芝で企業法務として海外に発電所を建設するプロジェクト，国際仲裁案件，海外企業買収案件等多数の海外案件に携わる。
その後独立し，海外案件で活躍する日本人を育成したいと思い，英文契約，特に海外でプラント・インフラ・その他の建設契約のチェックの仕方について指導する本郷塾を立ち上げる。
これまで重電メーカー，重工メーカー，プラントエンジニアリング企業，建設会社，および総合電機等の営業・技術・法務部門を対象に個別指導・社内研修を実施。
著書に，『はじめてでも読みこなせる英文契約書』（明日香出版）
『英文EPC契約の実務』（中央経済社）
『「重要英単語と例文」で英文契約書の読み書きができる』（中央経済社）
『頻出25パターンで英文契約書の修正スキルが身につく』（中央経済社）
および『歴史が教えてくれる働き方・生き方』（明日香出版）
がある。
本郷塾ホームページ http://eln-taka.com/

EPC契約の請求実務がわかる本
―納期延長・追加費用のクレーム対応

2022年10月1日　第1版第1刷発行

著　者　本　郷　貴　裕
発行者　山　本　　　継
発行所　㈱中央経済社
発売元　㈱中央経済グループ
　　　　パ ブ リ ッ シ ン グ

〒101-0051　東京都千代田区神田神保町1-31-2
電話　03 (3293) 3371(編集代表)
03 (3293) 3381(営業代表)
https://www.chuokeizai.co.jp
印刷／㈱堀 内 印 刷 所
製本／侑 井 上 製 本 所

© 2022
Printed in Japan

英文EPC契約の実務

プラント，インフラ，機器供給契約

本郷貴裕［著］　Ａ５判／460頁

　英文EPC契約に盛り込むべき条項例を丁寧に解説した１冊。海外向けプラント建設、機器供給契約の内容チェック・交渉、納期延長や追加費用に関する適切なクレーム対応などに役立つ。

【本書の内容】

第１章　EPC 契約の基礎
第２章　英文契約の頻出表現と
　　　　条文の「型」
第３章　EPC 案件における巨額損失
　　　　事例の原因と対策
第４章　契約上の手当およびその運用
　　　　上の注意点
第５章　下請との契約上の注意点
第６章　プラント用機器供給契約に
　　　　おける注意点

中央経済社